インターネットの世界は
「感覚」に働きかける

SENSE

堀内進之介
吉岡直樹

JN000051

日経BP

はじめに

インターネットで人気のコンテンツは、一体何がすごいのでしょうか？

「小学生のなりたい職業ランキング」でYouTuberはもはや常連です。ネット上には、ネットフリックスといった世界規模での動画コンテンツから、個人が作ったものまで無数にあります。見ようと思えば手元のスマートフォンからいつでもどこでもすぐ見ることができ、作ろうと思えば大きな投資も必要としないで作れるので、企業から個人まで、一昔前から考えられないくらい身近な存在です。販促ツールとしても、視野に入れていない会社はもうないのではないでしょうか。

特に動画やコンテンツ制作などは、慣れていない人だけでなく、経験豊富なテレビマンが作っても思うように再生回数が伸びないことが少なくありません。インターネットのコンテンツとは、これまで定石とされていた販促やマーケティングのスキルと、まったく別モノなのです。

現在、海外のデジタルマーケティングの世界では「感覚（sensory／センサリー）マーケティング」が大変な注目を集めています。

これは私たちの五感を刺激することで、私たちの評価や知覚、行動に影響を与える手法のことです。

特にインターネットの世界は、これまで視覚に偏っていました。感覚マーケティングとは、そうした世界を聴覚や嗅覚など他の感覚にも開き、さらには感覚同士が補助しあう、いわば感覚の「協調」を目指そうとするものです。また、詳しい説明は本編に譲りますが、この考え方は近年のデジタル世界での変化も読み解くツールにもなります。

ひとつ言えるのは、従来の考え方のままでいるとインターネットの世界は、到底理解できない、ということです。

本書のタイトルは『SENSE（感覚）』です。

これから、インターネットの世界は感覚（協調）という視点でも見ていくことが必要です。

インターネットでなくても、例えばコンビニや飲食店で流れている音楽など、感覚を通して無意識レベルに働きかけ、私たちの行動を変えている戦略は非常に多くあります。

ユーザー側で利用するにしろ、仕掛ける側にしろ、私たちは「感覚」というものを知っておくべきではないでしょうか。

・なぜ、VTuberのタレント事務所の時価総額が、親会社のフジテレビを抜いたのか
・牛丼屋やコンビニなど、「店内放送」にはどんな意図があるのか
・KODAK、ROLEX、雪肌精、ロレアルに共通する世界戦略は「ブランド名」にある
・なぜ、YouTubeは、「いつでも聞ける」より、「今だけ聞ける」のライブへ移行しているのか
・なぜ、アメリカも日本も、コミュ力の高いギャルは同じ発声的特徴を持つ話し方をするのか

具体的に言えば、感覚（協調）という視点から見ると、例えば上記のようなトピックスが理解できるようになります。

この本では、これらのほかにも多くのトピックを解説しています。詳しくはぜひ本書をお読みいただければと思います。

これまでインターネットの世界は、テキストから画像、画像から動画へと、どんどん表現の幅を広げてきました。これらに共通するのは、いずれも視覚情報である、ということです。インターネットのコンテンツといえば、「見る」が中心で音はそれに付随するもの、という立ち位置でした。

ここで注意が必要なのは、これまでインターネットが視覚に偏っていた理由は、そのほうがユーザーにとって便利で効率がよいというわけではなかったということです。単純に、帯域の広さ、メモリの量、CPUの再生能力といった技術的な制約の結果にすぎなかったのです。つまり、単に技術的にできなかったのです。

例えば、ごく最近まで動画を観ていても音は聞けない、ということはごく普通でした。このため、コンテンツ制作者は「いかに音のない映像でリズム感を表現するか」などという難題に取り組まなければなりませんでした。

しかしながら、ここわずか数年で、私たちを取り巻く情報環境は劇的に変わりました。帯域は5Gになり、スマホの処理能力は飛躍的に向上し、ワイヤレスイヤホンが普及しました。

音のない動画のカット割りに血眼になっていた頃と比べれば、数年で電車で移動しながらスマホでTikTokやNetflixを観たりすることが当たり前になった訳ですから、この変化は驚くべきことです。

これまでは、こうした移り変わりは過去からの延長であると考えられていました。**しかし、この技術の進歩と同時多発的に起こった大きな市場の変化から、短期間のうちに決定的なことが起こっています。**

その変化の中心が、先ほども述べた「視覚偏重」です。技術的な制約がなくなったことで、視覚に頼らなくても聴覚など他の感覚を十分に活かせるようになったのです。**そして、ユーザーもこの変化を敏感に感じ取り、感覚を協調するメディアにいっそう関心を示すようになりました。**

先にも上げた、VTuberのタレント事務所の時価総額が親会社であるフジテレビを超えたのは、この象徴的な出来事であるといえるでしょう。ユーザーはもう新しい感覚を求めているのに、テレビ番組は視覚に偏った古い作り方をしているからです。

VTuberたちの作るコンテンツの制作費は、テレビ局の番組のそれとは比べ物にもならないほど低いものです。もはや、従来の「コンテンツ大艦巨砲主義」は、市場との決定的なアンマッチを起こしはじめたと言えるでしょう。

感覚マーケティングが注目されるといっても、特に主戦場であるところのネットの世界では、今すぐ5つの感覚がつながるわけではありません（すでにメタバースではさまざまな実験が行われていますが）。

現時点で、最も重要なのは「音声」です。いかに「音声」を活用し、感覚を刺激できるか、これが勝負の分かれ目であると言えます。

本書の著者のひとりは、人間の能力を改善するテクノロジーを探求する研究を行っています。もうひとりは、ユーザーの観点から情報の活用をデザインする専門家です。ふたりともＴＢＳラジオを母体とする研究所（Screenless Media Lab.）の研究員でもあります。

この研究所では、認知科学や情報科学の成果を活用して、現在の情報環境に適した情報発信の方法や、さまざまなコンテンツ制作の手法を研究しています。また、多くの企業から依頼されて、音声や動画コンテンツの制作、音声活用の支援も行っています。


第1章では、モノが飽和している現在、消費者の本当の姿と、サブスクリプションを中心にした、企業の努力と失敗を紐解いていきます。消費者がもう「選択」ができなくなっている様子がわかるはずです。

第2章では、インターネットで生まれている新しいものとは一体なにか、実際に人気のあるYouTuberやVTuberを例にして見ていきましょう。人間が感覚を刺激されることにいかに弱いのかがわかります。そこで浮かび上がるのは、先ほども述べた、感覚の中でも特に聴覚、「音」の重要性です。

第3章では、具体的にビジネスの現場などで、どのように音が使われているのか、また、人間はそれにどういう反応をするのかを見ていきます。

第4章では、私たちが実際に動画広告やラジオドラマ、音声インタフェースの設計を支援してきた経験から、デジタルコンテンツに「音」をいかに落とし込むか、実際にどうしたらいいのかについて、具体的な解決策、制作方法を紹介します。第4章は関係ないと思う人もいるかもしれません。しかし、第3章まで読んだ後だと、理解を深めることになり、おもしろく読めると思います。

モノが飽和している時代に、デジタルの世界では何をどうしたらいいのか。

本書では、インターネットの世界で無視できなくなりつつある「感覚」の持つ力を知り、ウェブの未来を見つめていきたいと思います。

目次

CONTENTS

第2章 人はネットが刺激する「感覚」に誘惑される

2/1 メディア体験とは何か

2/2 新しいコンテンツには「音声」が不可欠

第3章 「感覚」は想像以上に私たちを動かしている

3/1 無意識レベルで人に影響を及ぼすのが音

3/2 視覚以外が私たちの行動を支配している

3/3

「声」に高値がつく時代

4/2 【ドラマの作り方】想像の扉を開ける音声作品を作る

4/3 インターフェース(情報の伝達)を設計する

第1章

ユーザーにはもう主体的な行動は期待できない

1 意欲できない消費者

誰もがもうモノが欲しくない時代になった

現代はモノが売れない、モノ余りの時代といわれています。

売る側が努力を怠っているわけではありません。企業は消費をくすぐるような商品開発に励み、買いやすい環境づくりに工夫を凝らしています。しかし、それでも売れません。

この節では、まずインターネットの話に入る前に、消費者をとりまく現状を見ていきましょう。

なぜモノが売れないのでしょうか。それには、「賃金が上がらないから」という声もあるかもしれません。経済成長が鈍化し、個人の消費が低迷しているのも原因のひとつでしょう。ただ、マーケティングの視点で捉えると、モノが売れない根本的な原因があります。

みんな、モノがもう欲しくないのです。欲しいと思わないのです。

あなたが、売る側の立場でしたら「こんなに必死に商品開発しているのになんで売れないんだろう」と思うかもしれません。

ただ、あなたが消費者の立場になったらどうでしょうか。何か欲しいですかといわれても、意外に悩むのではないでしょうか。服はファストファッションで事足りるし、食事も十分安いです。ファストフードもあります。雑貨は100均で何の問題もない。そんな人が増えています。

「誰もがモノを欲しくない時代」なのはデータでも如実に示されています。

例えばコンサルティング会社のアクセンチュアは、2005年以降、世界各国の消費者を対象に実施している消費者調査の結果から、日本を含めた先進国の消費者が商品への執着をなくしている傾向を示しています。**そして、かつては従順だった消費者が「わがまま化」を経て、いまや「無関心化」しつつあると指摘しています。**[1]

これは歴史を少し振り返ればわかるでしょう。

モノが足りなかった時代は、新しい製品を出せば、みんなそれに群がりました。自家用車が普及していない時代は新車を出せば売れたし、家庭用パソコンが珍しい時代はパソコンの新機種が出れば売れました。かつては、パソコンのOS（オペレーティングシステム）「Windows95」を買い求めるのに行列すらできました。市場が消費者を牽引していたのです。

ただ、商品が普及するにつれ、消費者も飽きます。車やパソコンはそう何台もいりません。アクセンチュアはこれを消費者の「わがまま化」と呼びました。

わがままになった消費者の次の行動は何でしょうか。

それは、自分にあった、自分ならではのモノを欲しがることです。例えばパソコンでしたら、それまではスペックは統一されていましたが、それでは満足できなくなります。ハードディスクやメモリーの容量を自分のニーズに合わせて、カスタマイズできるパソコンを欲しがります。衣料関係でも以前は安ければ不満はなかったのに、他人と同じ色では満足できなくなります。ユニクロが典型的ですが、そうしたニーズに対応するために、同じ商品でも多色展開が最近は珍しくありません。

企業はこうして、「わがまま化」に対応して商品の企画や生産体制を整えてきましたが、それでも消費者を意欲できないのが今の状況です。もうそのフェーズも終わって、「無関心化」してしまったのです。

これは日本のみならず先進国で共通の問題です。実質賃金が上昇している米国などでもモノが売れません。日本の場合はお金がないからさらに売れないという状況になっているだけです。景気の問題とは別の、根深い問題が別に横たわっていることを見据えなければいけません。

無関心化とロイヤリティの関係性

日本は無関心化が進んでいる。無関心化が進むと、企業ブランドや商品に対する、愛着や忠誠も低くなる

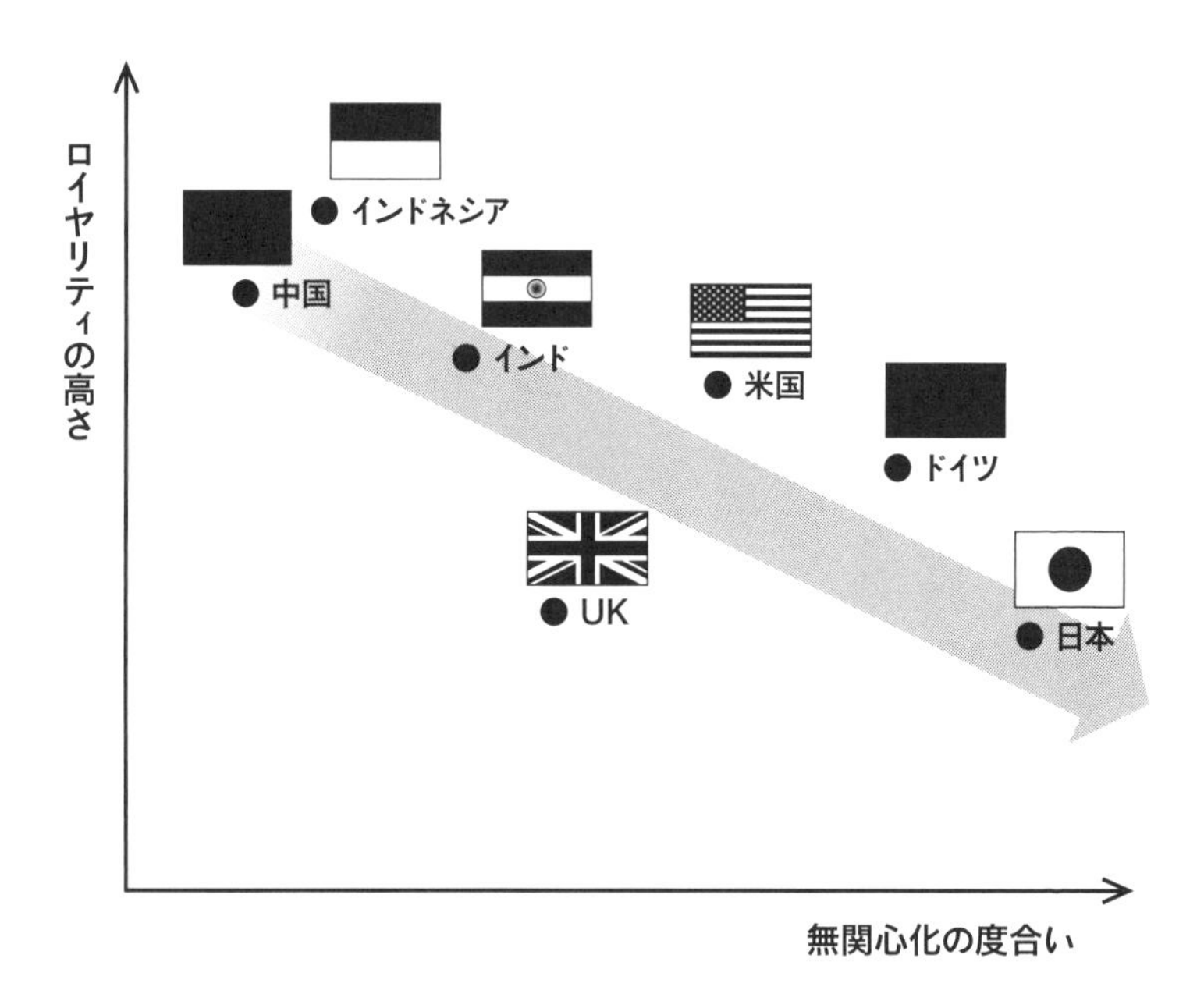

出所：「グローバル消費者調査」（アクセンチュア）をもとにラボにて作成
https://www.slideshare.net/Accenture_JP/ss-79754137

「顧客志向」でいるのはもはや限界

多くの企業が「モノが売れない」と嘆いていますが、では、なぜ、このような状態になってしまったのでしょうか。その解を探るために、企業がモノをどう売ってきたかをまず見てみましょう。

マーケティングという言葉は日常的に使われています。一般的にマーケティングとは「顧客志向」を長らく意味してきました。つまり、お客さんのニーズをよく理解して、それを十分に満たす解決策を提供してきました。**「買い手のニーズ」を満たすことが、マーケティングの基本戦略の中心です。**これはもう何十年も言われてきた基本的な考えです。

例えば、経営学者のエドモンド・ジェローム・マッカーシーは「顧客はあらゆるマーケティング努力の中心にあるべき存在で、顧客にフォーカスするべきだ[2]」と70年代にいっています。顧客のことをよく知ることが、マーケティングの最も基本だと位置づけています。これは今でも現役の考え方です。

例えば「AIDMA」。そこから派生した「AISAS」や「AISCEAS」、「AIDCAS」とい

う概念があります。これら自体は覚える必要はありませんが、すべて消費者があるモノを認知してから購買するまでのプロセスを説明しています。Aから始まっていることに気づかれましたか。Aというのはアテンション（Attention）の頭文字なので、「注意」を意味しています。そもそも商品を知ってもらうには、まず顧客の注意を引かなければいけないということです。

そのためには、顧客が何に関心があるかを理解しないといけません。これはどのようなマーケティングの本でも最初に書かれているマーケティングの基本中の基本です。

こういった、顧客の理解を深めて、購買モデルを精緻化してきたのがマーケティングの歴史です。

しかし、最近はそれがそもそも通じなくなってきました。

いくら購買モデルを分析して、メッセージや広告の打ち出し方を工夫して消費者の注意を引こうとしても、結果としてモノが売れないのです。

特にデジタル技術の進展で、広告の効果でどれくらいの人が本当にモノを買ったかが今はデータで測定できます。広告の費用対効果が一目でわかるので、広告が機能していない現実が広告主の企業にも明るみになっています。これまでのマーケティングの限界が、数値として示されてしまったのです。

モノが売れないのは消費者が抱える3つの「できない」のせい

では、なぜ、これほどまでに従来のモデルが通じなくなったのでしょうか。もちろん顧客が「無関心化」したのが原因ですが、これを踏まえてより深くこれまでの顧客の分析が効果を発揮しなくなった理由について考えていきましょう。

これは、「3つのできない」が原因として考えられます。

「意欲できない」
「選択できない」
「理解できない」

の3つです。それぞれがどういう意味なのかを掘り下げてみます。

まず、「意欲できない」です。

文字通り、買う意欲が起きない状態です。

消費者の基本的なニーズは、ほぼ満たされた状態にあるとさきほども言いました。

消費はかつてのように盛り上がりません。モノが飽和している状態なので、持っていないモノを埋めたいというマインドはもはやなく、基本的に買い替え需要しか期待できません。つまり、モノの物量を増やす行動様式にはつながりません。

ふたつめの「選択できない」は質のいいモノがすでに過剰にあることも関係しています。

今やもう、製品やサービスのクオリティは上がるだけ上がっています。その結果、どれを選択しても大差ない状況が生まれました。製品やサービスの質はどれも似たり寄ったりという均質化が起こり、消費者は選択の決め手がない状況に陥っています。

例えば、アーモンドチョコレートを思い浮かべてください。アーモンドチョコはどの会社のものも、味も値段もほぼ同じです。よほどのこだわりがなければ、どの製品も大差ありません。私は実際、メーカーの人に聴きましたが、彼ら自身も「決め手に欠けるんですよ」とこぼすほどです。

このような中では、おそらくどこかの会社が市場シェアを握ろうとすれば、価格競争しか手段がありません。ただ、その手を打てば、自分で自分の首を絞めることになります。結果的に誰も積極的にシェアを取りにいかない状況が続いています。

もちろん季節限定商品など、定期的なてこ入れ策は打ち出していますが、市場を変える決定打にはなっていません。消費者にすれば、どれも似たり寄ったりで価格も変わらず、選択の決め手すら与えられない状況です。

ダイソーなど「100均」の隆盛も「選択できない」文脈で説明できます。

100均各社は軒並み好業績ですが、この背景にも質の均一化が見え隠れします。スーパーで売られている500円の花瓶も100均で売られている花瓶も「ほとんど変わらない」と考える消費者が今では多いのではないでしょうか。もちろん、細かく質を比べれば違います。しかし、大して変わらなければ100均は流行ります。100均の隆盛は選択の決定打がなく、価格以外に差異化できない今の市場を象徴する事例といえます。

3つめの「理解できない」は、正確には「オーバースペックで品質を理解できない」です。

企業は、他社よりも優れたものを作ろうと研究開発に努めています。ただ、もうかなりのモノのスペックはすでに十分過ぎます。新製品を出さなければいけないがための差異化は、すでに消費者の理解を超えたものになっています。

洗剤の新製品がこれまでのものとどう違うか、一般人はほとんど理解できないはずです。研究開発レベルで違いがあるのはわかりますが、消費者がその違いを「凄い」と感じ、製品を購入する動機になることはほとんどないでしょう。

まだ洗剤ならば、一度洗濯に使えば効果は発揮されるかもしれません。しかし、家電やサービスなどではたくさん搭載されている機能がほとんど使われない場合が少なくありません。みなさんにも心あたりはあるのではないでしょうか。

「5パーセントのジレンマ」という言葉があります。ITサービスでは機能の5パーセントしかユーザーは使わず、残りの95パーセントは使っていないともいわれています。競合との差異化のために作り込んでも、結果的には消費者の理解がついてこないため、無駄になっています。

このような消費者の「意欲できない」、「選択できない」、「理解できない」の三重苦はどこにでも現れています。特定の業種に限りません。

この3つを踏まえると、企業が消費者に「何が欲しいですか」と聴くことはムダだということがわかると思います。顧客をいくら掘っても、どれだけ細かくアンケートを実施しても、顧客はもう、モノを持っていて、似たようなものが大量に市場にあり、そして、その違いは普通には理解できないものなのです。そこには有益な情報はありません。消費者の現状の認識をいくら掘り下げても消費行動にはつながりません。

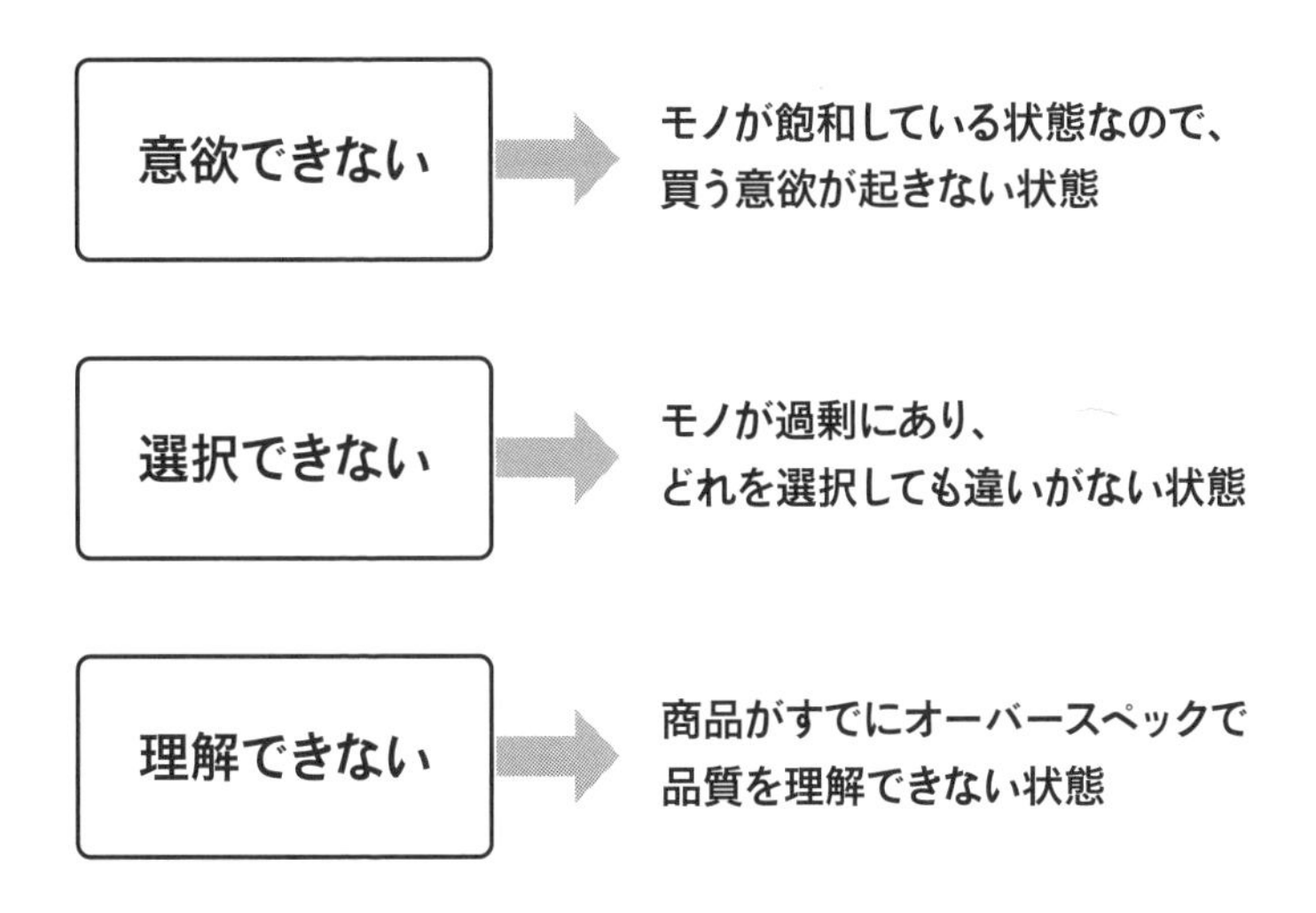
消費者が抱える3つのできない
意欲できない
モノが飽和している状態なので、
買う意欲が起きない状態
選択できない
モノが過剰にあり、
どれを選択しても違いがない状態
理解できない
商品がすでにオーバースペックで
品質を理解できない状態

コカ・コーラを飲む人に追加ですすめても未来はない

少し専門的な言葉を使うと「選好」を充足させてきたのが何十年にもわたるマーケティング戦略だと言えます。選好とは文字通り、好みです。ただ、ここでは「何となく好き」なのではなく、「実際に購買行動まで移されるもの」を消費者の選好と呼びます。

例えば、コカ・コーラを飲んでいる人にコカ・コーラの新商品をおすすめするなら、その人の興味・関心を満たします。選好を充足させていると言えるでしょう。ところが現在は、その「選好の充足」がうまくいかなくなってきています。世の中は選好の充足を追求してきたといえます。

喉が渇いたときのコーラは嬉しいですが、2本も3本もその場では飲めません。このように、お客さんが飽きて2本目以降は満足度が減ることを、マーケティング用語では「限界効用の低減」といいます。

いくら好きでも欲しくても、同じモノばかり与えられても嬉しくないですし、むしろデメリットになります。めぐりめぐって生産者側のデメリットにもなります。消費者が飽きてしまったら、市場が縮小するからです。新しいモノは買ってくれないし、その上好きだったモノも買ってもらえない厳しい状況に陥ります。

では、これを打開するにはどうすればいいでしょうか。

これまでの失敗は消費者が好きなものを深めることばかりを追い求めてきました。**ですので、それとは違った「消費者が知覚したり、認識したりしている範囲の外、意識外」にスポットを当てることが大切です。**ヒントは、購買履歴では見えていない世界にあります。これは本書の大きなポイントになります。

これまでのマーケティングは、コカ・コーラが大好きな人に炭酸飲料を必死におすすめしてきましたが、コカ・コーラが好きな人に青汁や健康食品を飲ませる努力はしてきませんでした。もしかしたら青汁に目覚める可能性もあったかもしれません。しかし、そうした可能性には最初からアプローチしてきませんでした。

購買履歴ではコーラばかり買っている人ももしかすると、健康を意識して飲むのを止めようと思っているかもしれません。そんな人にコーラを追加で推しても当然買われません。

選好の外にはみ出たものを買ってもらう

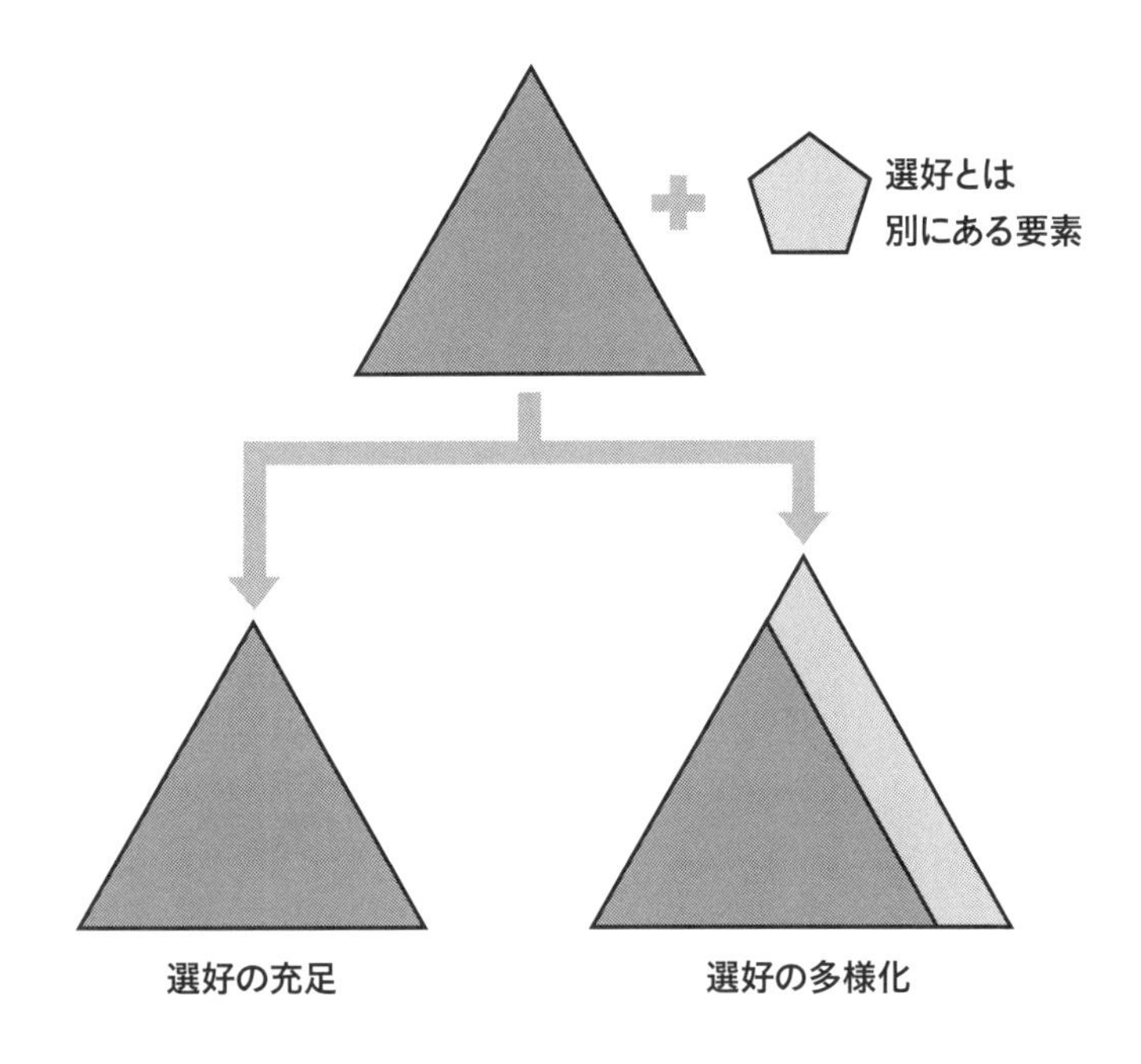

「情報」が、これまでの自分の選好内の内容にとどまるものであれば充足、これまでの選好に近いけれど異なっていて、それが受容されれば多様化になる

今、いちばん注目されているのは「いかに一目惚れさせるか」の戦略

では、具体的にどうすればいいのでしょうか。消費者が認識していない範囲、つまり意識外に働きかけると聴いてもイメージが湧かないかもしれません。しかし、みなさんも実は経験しています。

好きかどうかは自分でもよくわからないけれど、買ってしまった。そんな経験はありませんか？　企業側からすれば、つい買わせてしまう戦略です。選好を満たしても買わない時代ですから、その人が本当に好きかどうかを問わず、「一目惚れ」させるのです。

例えば、「2個目無料」と「2個で半額」とチラシに書かれていたら、払う金額は同じですが「2個目無料」のほうがお得な気がします。また、健康食品では「○○成分3000mg配合」と書いても「3g配合」とは決して書きません。配合量は変わりませんが、前者のほうが多く配合されている印象を受けます。

インターネット広告では「無料・サンプル、今すぐ申し込み」という宣伝がクリックボタンの上に書かれるケースが多かったのですが、最近は「無料・プレゼント　今

すぐ受け取る」とボタンに書きます。消費者にしてみればボタンを押している行為は変わりませんが、後者は能動的ではなく、受動的なので何もしなくてももらえるお得な感じがするんですね。

私たちの日常生活にはこのような例がたくさんあります。

「選好を満たす」ではなく、「一目惚れ」を狙うこと。**「能動的」ではなく、「受動的」にすること。**

消費者の知覚・認識の外を意識し始めた企業は選好を度外視した戦略に舵を切っています。

食べているときに聴いている音によって、味覚が変わる

このようなアプローチは私たち人間の情報処理に根差すものです。そして、人間の情報処理は、意識的な領域だけではありません。意識外も私たちの行動や選択に知らず知らずのうちに影響を及ぼしていて、好き嫌いはまったく関係ありません。特に、視覚や聴覚など、五感に訴える方法が情報処理に影響を及ぼします。

ちょっと怖く感じる人もいるかもしれませんが、すでに企業が体系立てて取り組んでいる事例もあります。

「ソニックシーズニング」というものがその一例です。これは、食べているときに聴いている音楽の種類によって味覚に影響を受ける現象です。

有名なのはイギリスの航空会社であるブリティッシュ・エアウェイズ（ＢＡ）の取り組みです。

気圧は味覚に影響を及ぼします。気圧の低い上空では塩味と甘味がわかりにくくなるともいわれています。味覚の３割が失われるとの調査もあるほどです。ですので、地上では食欲をそそる料理も機内では味気ないものになってしまうため、航空各社は

調味料を変えたり、味を濃くしたりなどの工夫を凝らしています。

ＢＡでは、そうした取り組みに加えて、ファーストクラスでは食事の際に料理に合わせてＢＧＭを変えています。

ソニックシーズニングでは、低音は苦みを、高音は甘みを強く感じるとされています。また、炭酸のシュワシュワをより感じるようになる音もあります。ですから、辛口のシャンパンを提供するときには低音で、かつ炭酸を感じる音を流すと効果的です。

「ほかの航空会社よりもＢＡの機内食はおいしい」という調査結果もあるほどです。

「もともとの料理がおいしいのでは」と思われる方もいるでしょうが、実はＢＡもＪＡＬも機内食の製造元は同じです。環境によって人間の感覚が変わるわかりやすい一例といえるでしょう。

「感覚」がハックされ、もう人はコントロールされている

人間の感覚をハックして働きかけて消費行動をコントロールする別の例が、米国のファッションブランド「アバクロビー＆フィッチ」（アバクロ）です。

アバクロは店舗で意図的に大音量のBGMを流します。店舗によっては90デシベルにも達します。これはチェーンソーを目の前で回す音に匹敵するほどの大きさです。若者はともかく、中高年や高齢者はたまったものではありません。

でも、それこそがアバクロの戦略です。年配者に対して「ちょっとここは入りにくい」と感じさせることで、ターゲットの若者以外の客層を遠ざけています。若い人以外を排除することで、ブランドイメージを守っています。

それでも、行動を変えられない企業たち

モノが売れないどころか、消費者が購買意欲すら失いつつある中、人の感覚をハックし、意識外に働きかける有効性や、取り組みがすでになされていることが理解できたと思います。そして、今、こうしたアプローチを実行する環境もインターネットの普及と通信速度の高速化でかつてより整っています。

モノを買うのも今は店舗だけにとどまりません。

ネットショッピングは若い人にとっては当たり前の購買スタイルです。ネットでしかモノを買わない人も珍しくありません。若い人ほど情報もネット経由で取得するのが一般的になっています。

企業も広告や重要なメッセージを発信する際にネットを重視するようになっています。**ネット上では技術的な進歩もあり、視覚・聴覚などの五感に対して、より量も多く、精度も高い情報を提供できるメリットもあります。**

一昔前ならば回線速度の壁もあり、ネットではテキスト情報しか伝えられませんで

した。しかし今では音声や映像も駆使してメッセージを伝達できます。情報環境としては、人間の「無意識の反応」をより引き出しやすい状況にあります。

ところが、冒頭で強調してきましたが、すべての企業は必ずしもこうした状況をうまく活用できていません。**従来のマーケティング戦略が消費者に響かないのをわかりながらも、知覚・認識の外、感覚に働きかける戦略はとれていません。**それが多くの企業の現在地です。

1

2 先が見えないマーケティング

これまでの定石「アテンションエコノミー」が通じない消費者たち

ネットをちょっと見渡してみてください。さまざまなビジネスモデルが登場しています。特にスマートフォンでは、毎日のように新しいアプリがリリースされています。もちろん、スマホにダウンロードされても常時使われるアプリは限られます。競争は激しく、そのため企業はいかにして自社のアプリを使ってもらうかに知恵を絞っています。

こうした企業の取り組みはスマホ上での**「アテンションエコノミー」と一般的に呼ばれています。**アテンション（注意）の奪い合いです。

インターネットの普及で発信される情報は爆発的に増えましたが、人の時間は限られています。もちろん、それぞれの人のアテンションも限られています。つまり、人々のアテンションは価値ある希少な資源と見なされ、これを獲得するために猛烈な競争が繰り広げられているわけです。

しかし、本書では私たちは、今起きているネットサービスの攻防を、アテンションエコノミーとは異なる目線で捉え直したいと思います。もうアテンションで顧客を捕まえようとすることには限界が来ています。

それよりも、もうすでに前節で説明した「意欲できない」受け身の消費者にどうアクセスするかという視点を持つべき時代に入っている、ということです。**すでにそこに気づいている企業はいくつかありますし、それに気づいていたところから、インターネットビジネスで勝っています。**そして、そこを見つめることで、またそれらが抱える問題点も見えてきます。

そういう視点で見れば、消費者と企業との間で何が起きているのかがより鮮明に見えてくるはずです。

アテンションエコノミーは、意欲がある人に注意を促すモデルです。意欲できない人にいくらアテンションを与えても意味はありません。

車を買おうと思ってない人に車の広告をいくら見せても、あまり意味はありません。「意欲できていない人たちをどう巻き込むか」をまず考えなければ、現実を見誤ります。「意欲できない消費者」をしっかり捉えることができれば、新しい「モノを売る」方法も見えてくるはずです。

企業は、意欲できない人には「選択」を免除するという戦略をとった

「意欲できない消費者」を上手に相手にしている企業を、まず見ていきましょう。そこには共通点があります。

まず、そういった企業はそもそも消費者の意欲を高めようとはしていません。それより、「意欲も選択もしないなら、消費者のために全部それらを回避させるしくみ」を開発しようとしています。

どういうしくみかというと、消費者に面倒と感じること全部をやめてもらう「負担免除」の実現を目指しています。**これは消費者の負担を極力減らし、意思決定をなるべくさせないモデルです。**

みなさんは「モノを買うのに意思決定しないなんてありえない」と思われるかもしれません。しかし、そうしたモデルはすでにたくさんあります。

例えば、みなさんにとっても身近なサブスクリプションや少額課金などネット上の人気サービスがまさにそれです。

本節では、まずそれら人気サービスを取り上げて、企業がいかに負担免除を目指しているかを説明します。

これまでは「囲い込み戦略」として解説されることが非常に多かったモデルですが、負担免除戦略として捉え直すと、新しい見え方になります。なぜサブスクリプションが流行ったのか。なぜ成功した企業と失敗した企業があったのか。サブスクリプションが飽和状態になった今、なぜかげりが見えているのか。

結論から言うと、この「負担免除」をユーザーから完全に取り除くのは困難です。しかも現在のウェブコンテンツは、ユーザーの「負担免除」を考えすぎていて、それが足を引っ張っています。それは、どんなに人気のあるコンテンツでもそうです。

「自己負担」からの視点で見ると、現在のモデルの限界がどこにあるかが見えてきます。じっくり見ていきましょう。

「囲い込み戦略」のいい点、悪い点

まず、そもそも囲い込み戦略がどのようなものか見ていきましょう。

囲い込み戦略とは、一般的にはコンテンツの「プラットフォーム」になることです。Amazonを思い浮かべてみてください。

プラットフォームとは、コンテンツを選択するための「陳列棚」になったり、サービスを利用するうえでのルールそのものになったりすることを意味します。通販サイトは無数にありますが、商品が陳列棚になっていて、検索ができ、ボタンを押すと購入できるしくみは大半で共通しています。これらは、先駆者のAmazonの形を踏襲しています。こうしたものをプラットフォームと呼び、それはサービスを利用する上でのルールそのものです。

プラットフォームは基本なので、そうなるには競合他社に乗り換えられないようにしないといけません。

ビジネスの世界には「オリジネーター（創業者）」と「サクセサー（後継者）」がつ

きまといます。どこかの企業が始めたサービスを運用するルールが標準（プラットフォーム）になると、追随する企業は基本的にそのしくみに乗っかるという構図になります。

なぜならば、使い慣れたサービスと使い方がまったく違ったら、消費者が面倒くさいからです。使い方がまったく違うことは、乗り換えの障壁になります。乗り換えてもらえるように障壁を下げようとすると、オリジネーターがつくったルールを踏襲せざるをえません。

そこに囲い込み戦略のジレンマがあります。

乗り換えてもらうためにプラットフォーム、そして競合他社と同じようなフォーマットを作ります。ただ、乗り換えやすいしくみを作ってしまったら、逆に別の競合他社に自分の会員も移りやすい状況を作ることになります。ですから、乗り換えを促そうとすればするほど、「しくみそのもの」による囲い込みは難しくなります。

では、この使い方の差別化が難しいなら、どのようにして囲い込むといいのでしょうか。**このために、「履歴」を使って会員の流出を防ぐ戦略があります。**

例えばGmailもYahoo!メールも、無料で使えます。メールの機能というしくみも似てますね。だから乗り換えは簡単なのですが、乗り換えにくいのは過去のメールの履歴が移しにくい点です。

noteというプラットフォームがあります。ブログのように文章や画像、動画、音声などのコンテンツを投稿して発信できるものです。自分が書いた日記をコンテンツとして有料販売も可能です。

ただ、いまだにすべてのコンテンツがエクスポート（データの出力）には対応していません。これも、しくみを考えるとほかのサービスに乗り換えるのは簡単ですが、noteに書いた文章を持って行けません。そこがネックになって、noteを使うのやめる人、あるいは逆に使うことをためらっている人もいます。

これは履歴は誰のものかという議論にもつながります。

これまでは履歴情報は一般に企業のものでした。

例えば購買履歴は通販会社の財産と認識されていました。しかし、海外ではここ数年でユーザー情報はユーザーの財産と考えられるようになっています。ですから、履歴情報による囲い込みは、法的にも道義的にもいつまで認められるかわからない情勢です。

Netflixの消費者は「選択」に困っている

さて、ここで本題に入りましょう。こうしたモデルを負担免除戦略として捉えるとどういった課題が見えてくるでしょうか。そもそも、「負担免除」はサブスクの何を免除しているのでしょうか。

結論からお話ししますと、サブスクは一般的に「選択」の負担を免除していると考えられます。

Netflix（ネットフリックス）を思い出してみてください。Netflixがなかった時代、私たちが、映画を借りるときにしていた選択は主に3つでした。

①　コンテンツの吟味（理解）
②　コンテンツを利用するタイミングの調整
③　コンテンツの購入判断

です。そして、サブスクと聴くと③が免除されているとイメージする人が多いはずです。見たい映画があったとき、それを単品で購入するのでなく、月額払いにしたら自由に借りられることで、いちいち支払わなければならない煩わしさを解消します。

さきほどの①〜③の選択の免除を詳しくいうと、

① 利用するコンテンツを選択する〝「価値判断」の免除〟
② コンテンツの利用のタイミングを決定する〝「開始」の免除〟
③ 購入を判断する〝「都度支払い」の免除〟

になります。

例えばNetflixは、③の他に②も免除されていることに気づくでしょう。入会すると、コンテンツは何回でも、いつでも視聴可能です。そしてさきほど言ったように、支払いもその都度でなく月額払いなので、購入判断をいちいち求められません。サービス自体が②開始の免除と、③都度支払いの免除を実現しています。

ところが、①コンテンツの吟味についてはサブスクのしくみでも免除しきれません。Netflixや、それに類するHulu（フールー）やAmazon Prime（アマゾンプライム）に加入している人はわかると思いますが、さすがに、何を見るかは消費者が決めざるを得ません。見たいコンテンツを見るためには、「自分が今見たい映画は何なのか」は、頭を働かせて考えなくてはいけません。

みなさんも心あたりはあるのではないでしょうか。今回見たものは面白かったけど次に何を見ようか困ったり、とりあえずクリップはしてあるものの、それだけがどんどんたまっていき結局見ていない、ということがあるかもしれません。

もちろん、企業側はこれに対応するべく、選択意欲の低いユーザーのコンテンツの選択負担が軽くなるよう、方策を考えています。

忘れがちですが、NetflixやHuluなどは、もともとはレンタルＤＶＤのオンライン版でした。つまり「アーカイブ」のサービスが魅力だったのです。TSUTAYAに行かなくても、自宅で大量の旧作映画の中から選び、見られるのが強みでした。過去の作品見放題が強みだったのです。しかし、たくさんコンテンツがあり過ぎるがゆえに選べない状況が生まれています。

ですから、彼らは「今、これは見るべき」のオススメ作品を提案する方向に舵を切っています。つまりオリジナル作品を制作しています。

アーカイブが機能しない結果としてオリジナル作品が続々公開されるようになりましたが、結局、消費者はその状況に慣れると、オリジナル作品ばかり選ぶようになります。今やオリジナル作品の自転車操業状態になっています。

このことにより、すでに機能しなくなっていたアーカイブコンテンツはさらに機能しなくなります。話題になっているオリジナル作品ばかり見て、過去の古い作品はどんどん追いやられていきます。**もちろん、オリジナル作品の制作は時間もかかりますし、コスト負担も重く、安定供給が簡単ではありません。**アーカイブが見られたほうが、企業にとってはいいに決まっているのです。

しかし、ユーザーはオリジナル作品を期待します。過度にオリジナル作品に期待する状況をつくってしまったがために、**現在サブスク業界は、期待と現実のギャップが生まれ、囲い込み戦略を破綻させつつあるわけです。**

ユーザーの「選択を免除」できたものがヒット商品になる

1

利用するコンテンツを選択する
“「価値判断」の免除”

2

コンテンツの利用のタイミングを決定する
“「開始」の免除”

3

購入を判断する
“「都度支払い」の免除”

どうしてNetflixは「使っていない会員」を手放すサービスを始めたのか

それでは、それにどう対処したらいいのでしょうか。

いちばんいいのは、囲い込みをあえて放棄し、競合他社に逃がし、また戻ってきてもらうという手段です。

「わざとやめてもらうの？」と驚く人も多いでしょう。

しかし、もうNetflixをはじめ、さまざまな企業は始めています。

象徴的な事例が、幽霊会員を手放しているNetflixです。

企業にとっては、利用しないのにお金を払い続けてくれる幽霊会員はありがたいお客です。システムの負担にならず、囲い込むためのコストもかからず、自動的に収益に貢献してくれます。黙って見過ごすことはあっても、わざわざ「会費が無駄になっていますよ」と教える義理はありません。事実、一度会員になったら最後、やめ方を複雑にしてやめさせないようにしている企業も多いです。わざとやめてもらうことは囲い込み戦略の常識からするとあり得ないことです。

それなのに、Netflixは加入してから1年間利用のない会員や、2年以上視聴していない会員に対して、契約を継続する意思を確認する通知を送っています。

なぜ手放すかというと、ユーザーを放流して参入・離脱の自由度を高めたほうが、後々自分にとっていいからです。違う会社といえども、自分の業界を「共生圏」として一緒に考えたほうが、自社サービスの生き残りが図れます。

例えば、Netflixのユーザーが「もう見るものがなくなった」とぼやいているとしましょう。かつての「アテンション」を中心としたマーケティングでは、それは顧客を満足させられない企業が悪いという結論になります。

しかしここで、顧客が「意欲できない」、「選択できない」、「理解できない」の「3つのできない」状態であるという視点から考えてみましょう。

次がいっぱいありすぎて、すでに意欲できない、もう満足しているから選択できない、これ以上の価値は理解できない――そう考えると、「全部見てしまったユーザーが悪い」と企業は考えます。

水が腐るのは流れず淀むからです。極論すれば、コンテンツが腐ったのではなく、ユーザーが腐ってしまったわけです。「不満があるのならば他に移ってください、また、見たいコンテンツがありましたら、そのときに戻ってきてくれればいいですよ」と大きく発想を転換したのがNetflixです。

会員ではあるけれど、何もしない顧客より、別のサービスに行って、その後**「今このサービスでやっているドラマが面白そうだからまた加入しよう」と思ってくれるほうが、業界自体が飽きられるよりも自社にとっていいことになります。**

サービサーチェーンとは

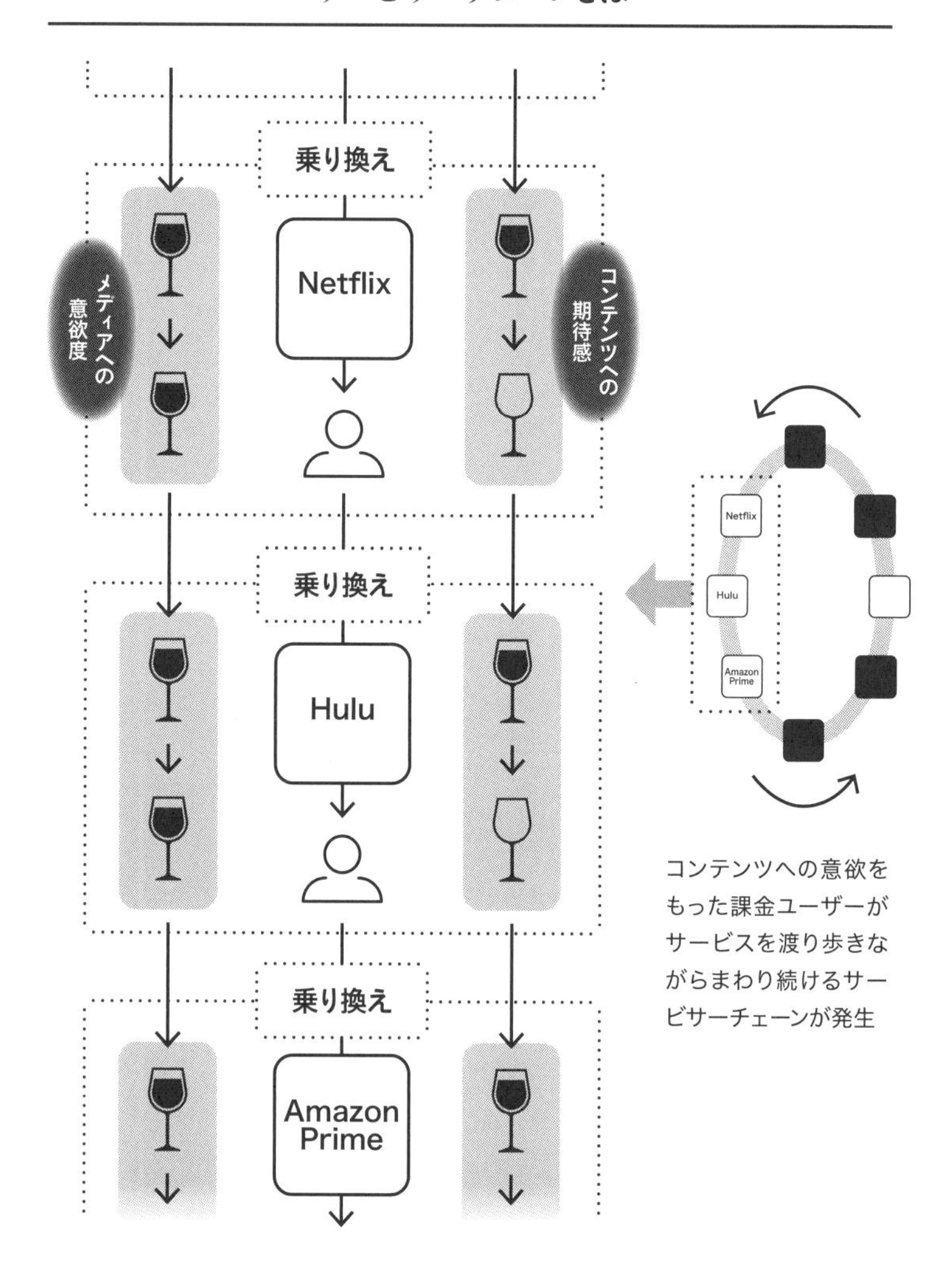

業界全体にユーザーがいれば、自社も大丈夫

ユーザーが流れてさえいれば、不満は最小限に抑えられ、満足度が高くなるときがまた来ます。だから、参入障壁も離脱の障壁も意識的に下げるのがいいのです。動画のサブスクサービスはもうどこも同じ状況にあるので、どこかが独り勝ちできる状況ではありません。ユーザーを「放流」するほうが囲い込みに力を使うよりメリットが大きくなります。

Hulu, Netflix, Amazon Prime, ディズニープラスなどそれぞれ他の企業が運営するアプリですが、今や「ひとつの共生圏、ひとつのサービス群のように考える」のが勝ち残るための発想です。

私たちはこの共生圏をサービサーチェーンと呼んでいます。サービサー（動画配信事業者）が一続きになり、連動してる状態です。

サービサーチェーンと呼ぶ共生圏はコンテンツに対するユーザーの不満を、自分のサービスのコンテンツそのものの問題として捉えるのではなく、「ユーザー自身の問題」として捉え直すことで新しく見えてきます。

しかし、このサービサーチェーンにも問題があります。共生圏ができて、業界全体のユーザーが回ったとしても、その共生圏の住人でいられるには、結局お金も体力も必要だからです。

結局のところ、例えばNetflixの業界ではオリジナル作品で誘引するしかありません。

そのためには、オリジナル作品を供給し続けなければいけませんが、話題になるコンテンツを作り続けるのはGAFA（Google, Apple, Facebook, Amazon）クラスで、お金や世界的なネットワークがあるところではないと難しいのが現状です。

ですから、結局、サービサーチェーンに参入するには高いハードルがあります。誰もが共生圏の住人にはなれませんし、住人の企業ですら、ヒットするオリジナルコンテンツを作り続けるのは苦しいでしょう。その証拠に、オリジナル作品制作によるコスト増のために会費を値上げせざるを得ない状況に陥っており、度が過ぎれば自分で自分の首を締めかねません。

このように、

①の「利用するコンテンツを選択する〝『価値判断』の免除〟」

を少しでも行えるように生み出された「オリジナルコンテンツ」ですが、これも自らの足かせになっている状態です。そもそも、オリジナルコンテンツも多くなり、その中でも何を選んだらいいかわからない、という①の状態を生んでもいます。

動画サブスクモデルは、どうしても「何を自分が見たいのか」を免除しきれていません。確かに、「何を見るか・聴くか」はさすがに消費者が選ばないといけないんじゃないかと思いますよね。

やはり、どうしても免除できないものなのでしょうか？

マンガアプリの「新作無料モデル」はユーザーの負担を少し免除している

さて、ここで、その問題を考えるために「ネットコミックのビジネスモデル」が「3つのできない消費者」の視点で見たときに、どう対応しているか見てみましょう。ここを考えることで、少しヒントが見えてきます。

昔からネット上でコミックを無料で見られるモデルはありましたが、最近は大きく変化があります。かつてのモデルでは新作の価格が高額で、旧作になるほど安くなる設定でした。それが一部で逆転しています。ネット上で連載されているコミックのうち、新たに公開された部分（新作）を無料とし、一定期間が過ぎたらそれを有料とする「新作無料モデル」が広がっています。

コミックの場合、その作品をまったく読んだことのない人が、ストーリーの文脈を知らないまま無料の新作を見ることなどほとんどありませんよね。つまり、「新作無料モデル」はファン歴が長いほど恩恵にあずかれます。

無料コンテンツを読んでもらおうとするためには、ＳＮＳでの拡散を狙うのが定石です。**ＳＮＳではどういう流れになるかというと、最初期から作品を見ているアーリー**

アダプター（流行に敏感な層）が、後にファンになりそうな層に作品をSNSで「推す」のです。アーリーアダプターがマーケッターとしての役割を果たすということです。

「新作無料モデル」は、アーリーアダプターによる評価（クチコミ）を増やす役割です。新規ユーザーを旧作や自社サービスに招き寄せる戦略といえます。

このモデルをユーザーに対する選択負担の免除という視点から見てみましょう。

新作マンガはある一定の期間中だけ無料です。無料のうちに読もうとすれば、その指定期間中に読まなければいけません。ですので、結果として新作無料モデルはアーリーアダプターに対しては①ある程度のコンテンツの吟味、②コンテンツの利用タイミングの調整、③購入判断を同時に免除するビジネスモデルになっています。①をある程度としたのは、新作無料マンガの数が多いためです。

この後、アーリーアダプターの拡散が始まるわけですが、「選択意欲が高くない」一般ユーザーは、コンテンツ内容の吟味を、自分と似た好みを持つと思われるアーリーアダプターに委ねる形になります。したがって一般ユーザーも、①の「コンテンツの吟味」は免除されます。

付け足すと、ＳＮＳでの拡散は、そのコンテンツが好きな消費者から他の同じような趣味や感性を持つ消費者への伝播が期待できます。

例えば「新しいドラマが始まります」という情報があると、そのドラマに関心があったり、出演者に関心があったりする人がそれに食いついて、Twitterでリツイートして、そのリツイートをきっかけに同じような好みの人にまた伝播します。

これはサービス提供企業から見ると、消費者同士のつながりに、コンテンツの内容の説明を委ねているともいえます。自分たちが細かく説明しなくても、ざっくりした内容をツイートすれば、消費者が勝手に説明してくれます。

消費者の立場からしても、コンテンツの吟味を自分と似た好みを持つ隣人に委ねている形になります。**ここでの特徴は、自分で判断しないことです。**「あの人が面白いと言ってるから、きっと面白い」と思うわけです。

サービス提供企業、消費者のどちらからでもＳＮＳでの拡散は負担免除になります。

②のコンテンツの利用タイミングについてはどうでしょうか。

このモデルの場合、どのユーザーも無料期間が限られています。動画コンテンツの場合は、サブスクにすることにより、いつでも好きなときに何でも見られることにより、利用タイミングを免除していました。マンガは「無料期間」を設定することにより、サブスクではないのに、ユーザー自身の判断を免除できています。

見られる期限が決まっていることは、利用タイミングの負担免除になります。

③の購入判断については、アーリーアダプターは無料で初期から視聴しているため免除されていますが、一般ユーザーは都度支払いを求められます。ここではユーザーが二種類存在することになります。**これがこのモデルの弱さです。**

このモデルで注目すべきなのは、「無料期限」をつけたことで①のコンテンツの吟味と③のコンテンツの購入判断が連動している点です。コンテンツの吟味の負担を免除することは購買意向、購買判断を免除することにもなります。

なぜかというと、通常、コンテンツを選択するときは、購買したいという気持ちを伴うからです。みなさんも、自分が「これ欲しい」と思うときに買いますよね。①の負担を下げると、アーリーアダプターも、そのおすすめにより読もうと思った後続のファンも無料で読めてしまうわけですから、その後に支払いをしたいと思うことはなくなりがちです。

そして、**大前提としてこのモデルは、もともとそのコンテンツが好きな消費者（いわゆるファン）以外には広がりにくい形態といえます。**あくまでもファンのみを対象にした消極的なモデルといえるでしょう。

「意欲できない消費者」という点で考えると、免除はされているものの、結果的にマニアックな人たち向けのサービスになってしまっています。ネットフリックスなどの動画コンテンツほどの広がりを考えると物足りないモデルです。つまり、マンガアプリのしくみは「おしい」とも言えるのです。

ちなみに、このモデルに似ているモデルは動画コンテンツにもあります。

録画せずに、リアルタイムで動画などをネットで送信する「生配信」がありますね。そのときしか見られない生配信は、決められたコンテンツを決められたタイミングで見なければならないのでコミックの「新作無料モデル」に似ています。

ネットの動画配信の世界では見たいときに視聴できる「オンデマンド」が主流です。しかし、その中で正反対のしくみである生配信が脚光を浴び、その中でも、強いファンによる投げ銭などの新しい課金も生み出しているのは特筆に値します。

ファンビジネスである点もマンガの新作無料モデルに似ています。しかし、さきほど特筆に値するといった生配信での投げ銭も、小さい範囲では儲けを生みますが結局ファンが課金をするだけです。そういう意味ではやはりマンガのモデルと同じで「意欲できない」人たちをどう広く取り込むかの視点はありません。

ですから、やはり生配信のような先鋭化したコンテンツが新規のユーザーを獲得するのは簡単ではありません。大きなお金を生むビジネスモデルにはなかなかなりえないでしょう。

ここまでを少し整理しましょう。

動画のサブスクモデルは②タイミングと③の支払いは免除していますが、コンテンツの吟味が免除しきれていませんでした。これが動画コンテンツや、その他ウェブのコンテンツ全体の大きな課題だと提起しました。

それに対して、コミックの「新作無料モデル」は、利用するタイミングの期間を限ることで、動画サブスクとは異なる形で免除しています。ただやはり、①のコンテンツの吟味を免除しきれているわけではありませんし、支払いも、「支払わなければいけない人」を作っています。つまり熱心なファンにだけ期待して、お金を徴収するモデルのため広がりがありません。まさに惜しいモデルと言えます。

さて、ここで最後に考察したいモデルがあります。音楽配信のサブスクリプションモデルです。これまでに見たふたつのモデルを足し算したモデルです。

Spotifyでも避けられない「初めの一歩」

音楽配信は通常、好みの楽曲を1曲ごとに聴けます。いつでも聴けるオンデマンドサービスです。しかし「しっかりと顧客を囲う」という点で見れば、最も重要な役割を担っているのはプレイリストとシャッフル機能です。

プレイリストとは、ユーザーが1曲1曲コンテンツを選ばなくても、ひとつのテーマでくくられたコンテンツを連続的に自動再生するしくみです。シャッフル機能は、その名の通りそうしたプレイリストをランダムに選んで、再生するしくみです。

このふたつの機能により、自分で選ばずとも受動的な音楽体験がいつでも可能になります。ユーザーはオンデマンド化した「放送」を聴けます。

その代表例が、音楽配信サービス最大手のSpotify（スポティファイ）が実装する「Mixes」と呼ばれる機能です。これは、ただ無作為にシャッフルしているわけではなく、ユーザーの視聴履歴をもとに好みを分析して、その人にとって好ましいと考えられる楽曲をプレイリスト化、シャッフル化するものです。こうして、ユーザーのコンテンツ選択の負担を免除しようとしています。

この機能を使うと、視聴者が好きなアーティストによく似た人たちの曲が自然に選ばれて流れてきます。例えば、「あいみょんMiX」では、あいみょんだけでなく、彼女を好む人がよく聴く曲が流れてきます。これはあいみょんを聴いてる人がほかにどのような曲を聴いてるかの大量のデータがあり、そこから抽出できるからです。ユーザーは自分で曲を選ばずに、あいみょんっぽい曲を続けて聴けます。

しかし、このモデルにも問題があります。好みを把握するにはどんなに少なくても「最初の1曲」の履歴は必要になるからです。視聴者自身に、音楽コンテンツやプレイリストから1回は選択させる工夫が必要になります。1曲も聴いてもらえなければ好みがわからないのでプレイリストをつくれません。そして、プレイリストが作成されても、そのプレイリストを選択してもらわなければいけません。この「はじめの一歩」の選択はどうしても避けられません。

多くの企業が悩んでいるのは、実はこの一歩目の選択の問題です。

結局、いかにしくみを構築し、小さい解決をして小さく稼いだりできても、巡り巡って問題は残されたままでユーザーの選択を負担免除する戦略は不完全でしかありません。

「意欲できない」時代にユーザーの選択負荷を免除する方法を企業は模索しています。ただ、ネックとなるのはコンテンツの選択です。いろいろなしくみで免除の実現を目指す姿を見てきましたが、コンテンツの吟味の負担免除は非常にハードルが高いのが現実です。

音楽配信のように①、②、③の負担免除にある程度成功しているように見えるモデルでも、①から派生するコンテンツやプレイリストの選択の問題は残ってしまうのです。

そして、なにより厄介なのは、仮に「選択」の高いハードルをクリアできたとしてもそこにはまた別の問題が浮かび上がってきます。

「選びたくないけど選びたい」心理がサブスクのネック

ここまで、「さまざまなサービス、会社が最初の選択を免除することにトライしているがかなり難しい」という現状を説明してきました。

次の節では「では、それを越えてどうしたらいいか」という考察をしていきますが、その前にひとつ知っておくべきことを提示しておきたいと思います。

ここまで「最初の選択が免除できたら問題は解決する」と企業は考えてきたと言いました。しかし、ちょっと立ち止まって考えてみてください。

ユーザーは、選びたくないし、選ぶ意欲もないけれど、「じゃあ選ばなくてもいいよ」というしくみが整ったとしても、完全には満足できません。

例えば、「Mixes」機能を使うユーザーが多く現れたとしても、彼らに完全な満足感を与えるのはおそらく困難でしょう。そもそも人間には、「自らの主体的な選択の働いていない対象には、満足を感じにくい」という特性が存在するからです。

ユーザーは自らが選択したコンテンツに満足したとき、コンテンツへの満足と同時に、自身の選択への満足も感じます。どちらかが欠ければ、「満足」にはなりません。

魅力的なコンテンツだとしても、それが自分の選択でなければ、満足が得られないコンテンツであると感じてしまうのです。結果的にコンテンツの評価そのものを下げてしまう可能性すらあります。

コンテンツ選択の負荷をなくそうと努力する企業に対して、人間の持つ性質が突きつける矛盾ともいえるでしょう。

ここまで、動画のサブスク、アプリの電子マンガ、音楽配信など「顧客を囲い込む戦略」を見てきました。これらのプラットフォームは「完全に顧客を満足させることができない」という問題をはらんでいました。解決策はなさそうに見えますが、実はひとつだけ突破口があります。

囲い込みのプラットフォームの目的は、自分たちの持つコンテンツを顧客に消費させることです。そんなの当たり前だと思うかもしれません。Netflixに入るのはドラマを見るためだし、マンガアプリをダウンロードするのはマンガを読むため、音楽配信はもちろん音楽を聴くためです。

しかし、プラットフォームの目的がコンテンツの消費である限り、どうしてもユーザーは、何らかの場面で主体的に選ぶことを求められます。**つまり、「コンテンツの**

消費を目的にすること」にしてしまうと、解決が不可能なのです。

そうなら、目的そのものを変更すればいいのではないかというのが私たちの考えです。次節で詳しく見ていきます。

1/3 もう「これまでのメディア」は立ち行かなくなっている

「コンテンツを消費させなくてはならない」という発想に縛られない

これまで「意欲できない」消費者に企業がどう向き合っているかを見てきました。そこでは、意欲できない中での「3つのできない」問題、特に「利用するコンテンツを選択する〝『価値判断』の免除〟」を解決せずに、迂回・回避するしくみを模索している企業の姿がありました。今流行っているサービスですら、常に不完全に終わることを示しました。

消費者が選択するための「理由」を作り出すために、どの企業も苦労しています。そして、選択自体を完全に免除してしまうと、消費者は満足感を得られにくいという問題も抱えていることを指摘しました。

これらの問題の根っこにあるのは、どの企業も「コンテンツを消費させなくてはいけない」という発想に縛られているからです。

それは、こうは考えられないでしょうか？

つまり、「そもそもコンテンツを消費させようとしている既存のメディアの枠組みが限界を迎えている」のではないかということです。

こう考えることで、次章以降で取り上げる、YouTubeなどがなぜ消費者に人気なのかも理解しやすくなるはずです。

カギを握るのは、かつての「フジテレビっぽさ」

繰り返しになりますが、「そもそも消費者は選択はできないし、そんなにしたくない」けれど、「選択の負担を完全に免除してしまう」と消費者は満足しません。ただ、かつては、消費者が積極的に選択しなくても満足できるサービスはありました。ラジオとテレビです。

年配の方はわかると思いますが、少し前までは、ラジオやテレビを流しっぱなしにする習慣があったはずです。とくに特定の番組を聴いたり、見たりしたいわけではないけれども「とりあえずテレビやラジオをつける」。これはコンテンツを選んでいるというよりは、ラジオ局やテレビ局を選んでいる行為といえます。

実際、かつては「このバラエティーはフジテレビっぽい」などという会話が成立しました。私はこの「ざっくりとこのメディアが好き」ということを、「メディア体験」と呼んでいます。

先に答えを言ってしまうと、この「メディア体験」こそが救世主です。

ラジオやテレビへの満足感はコンテンツそのものより、メディアそれ自体の体験がもたらすから、メディア体験です。コンテンツの背景にある、もっと広いメディアそのものを選ぶことで「コンテンツの選択」が抱える問題を意図せずに乗り越えていたわけです。**つまり、これまでお伝えした「ユーザーにコンテンツを選択させること」をこれならば免除させられるのです。**

ただ、ラジオやテレビがもたらす「メディア体験」は今では多くの人にそんなにはないはずです。それは、メディアの環境が変わってしまったからです。

電話は本来はもう存在しなくてもいいはず

メディアの環境が変わったとは、どういうことでしょうか。そもそものメディアの構造をお話しさせてください。

今、私たちは多くのメディアと触れ合っています。テレビ、新聞、ラジオなど昔から生活に根付いている旧来のメディアと、そしてインターネットやスマートフォンという新しいメディアです。

そもそも、ラジオやテレビなどの旧来のメディアの区分は実は内容の違いではなく、技術的な区分でした。昔、今ほど技術が進歩していなかった時代に、これしかないからという理由でまず新聞が生まれ、次いでラジオが、その後テレビが生まれました。元をさかのぼれば、流したい「コンテンツ」は同じです。

例えば、ラジオはラジオで受信するからラジオで、テレビはテレビを通じて見るからテレビなのです。メディアという言葉の語源は「媒介」ですから、技術に縛られる必要は本来ありません。

これらのメディアは誕生してから今まで、企業がしっかりと事業モデルやコンテンツの規格を作り上げてきました。

しかし、私たちを取り巻く情報環境は今では過去とは大きく変化しました。インターネット、そしてスマートフォンの登場が何もかも変えてしまいました。しかし、環境は激変したけれど、これまでのメディアの既存のしくみが現在も企業を拘束していま す。

例えば電話です。離れた人と会話する場合、かつては電話しかありませんでした。しかし、今は電話である必要はありません。LINE通話でもSkypeでもZoomでもいいわけで、声だけでなく顔を見ながら話すことすらできます。

そう考えると、電話はもう現代の消費者にしてみれば必要ないものとなっています。それにもかかわらず、電話はずっとあり続けています。

なぜかというと、旧来のメディア区分が作り上げた既存の事業モデルやコンテンツを規格化した「エコシステム」がＮＴＴなどの通信企業をいまだに縛っているからです。

エコシステムを作ってしまったがゆえに、企業はシステムの刷新の必要性を認識しづらく、たとえ認識して刷新しようとしても、既存のものを壊すのはさらに難度が高い状態になっています。

Clubhouseがメジャーにならなかった理由

メディアの既存のシステムを壊すことがどのように難しいか、具体的な例をあげてみていきましょう。

２０２１年に音声を主とした初のＳＮＳとして「Clubhouse」が日本でも脚光を集めました。ラジオをはじめとした旧来の聴覚メディアの関係者やファンの中には、自分も話せるし、聴くこともできる「双方向的な聴覚メディア」と絶賛する人も少なくありませんでした。聴覚メディアの文化的な広がりに貢献するサービスとして歓迎する人たちもたくさんいました。

メディアもＳＮＳの新しい潮流と大々的に取り上げています。例えば、２０２１年2月15日号の『AERA』では「音声が伝える『何者』感『クラブハウス』は、突然ではなく必然」の記事の中で[3]双方向メディアとしての新しさを紹介しています。

当時はこのように、「Clubhouse」に可能性を見いだす人が後を絶たなかったわけですが、私は登場した当時から、これはすぐに廃ると言い続けてきました。そして実際にすぐ廃りました。

その原因は明らかです。

「Clubhouse」はスマホ上で展開されるサービスのひとつですが、スマホのユーザーからすれば、スマホで聴覚メインのサービスを利用しなければならない動機は何ひとつないからです。

スマホで見られるものにはSNSをはじめとするテキストメッセージや写真、YouTubeの動画などいろいろ選択肢があります。もちろん、「Clubhouse」には顔の見えない手軽さや新規性はあったと思いますが、スマホの中に入っているアプリと比べて、利用継続の動機としては弱すぎました。ユーザーに「これをやり続けなければいけない」と強く思わせる理由がほとんどありませんでした。

確かに、双方向性をスマホのアプリで実現した点では、前時代的な技術のしばりを乗り越えていますが、「耳だけで聴く」前時代的な規格は超えられていません。

ブームに乗って始めた人も冷静になると、「何で音声だけでやらなきゃいけないんだろう」と疑問に思うわけです。

つまり「Clubhouse」は、前項で述べた「旧来のメディア区分」に片足を突っ込んだままのサービスでした。「聴覚メディア的」なものはもう時代的には受容されにくいのに、その文脈でやってしまったわけです。一方で、その後にすぐに登場した

LINE上のサービスである（ROOM）は現在も活用している人をしばしば見かけます。その理由は、メッセージングツールという導線内のサービスであり、そこで完結するので楽だからです。「Clubhouse」が当初好意的に受け入れられたのは、情報が過多な今の時代のカウンターカルチャー的要素や古いラジオや電話体験へのノスタルジーが大きかっただけだと思います。

そもそもの話をしますと、「Clubhouse」は音声メインのＳＮＳですが、別に音声メインでなければならない理由はまったくありません。旧来のメディア区分が作り上げたエコシステムの軛（くびき）にとらわれてしまっています。

そして、実は多くの企業がこの軛にとらわれたままです。

従来のマーケティングとこの「旧来の区分」による軛の不自然さや不十分さを補うために生じたメディア横断的な活動とも考えられます。

例えば、メディアミックスという概念があります。テレビやラジオや書籍など複数のメディアを組み合わせて展開する戦略です。メディアをなぜミックスしなくてはいけないかというと、最初からこの軛によって分かれてしまっているから、ミックスせざるをえないわけです。

旧来の区分に捕らわれたサービスが理解すべきことは、「導線」ということの意味です。マーケティングの世界での導線とは、ユーザーと接触する場所のことです。旧来のサービス提供者は、ユーザーとの接触を得るために、ネットの世界に参入することで、ユーザーとの導線を確保できると考えがちです。しかしそれは間違いです。

その理由はふたつあります。

ひとつは、ネットの世界にも、ユーザー接触のための苛烈な競争が存在することです。日々、ユーザーの日常にある接触の導線（チャンネル）上にいかにして入るかが競われています。

このことは、さらにもうひとつの理由と関係します。これまでお伝えした通り、ネットの世界での接触は、視覚的か、聴覚的かといった旧来の区分とはもう関係がないということです。

だから、旧来の区分を維持したまま、ネットの苛烈な競争に参入し、そこに活路があると考えるのは二重に誤っているわけです。Clubhouseやradikoが困難な理由はここにあります。

新しいビジネスモデルを作り出したマドンナ

音楽産業を例に、この「軛」について考えてみましょう。

音楽は歴史的に、長い間演奏による再現が主流でした。記録する手段がなかったので、生演奏しかありませんでした。

それが、レコードやカセットなど記録メディアが登場してから様変わりします。

やがてテレビの普及により、視覚も使えるようになり、プロモーションビデオ（PV）が作られるようになります。

PVはプロモーションという名前の示す通り販促ツールです。いうなれば「聴覚」のコンテンツの宣伝のために「視覚表現」を使った映像です。

既存のビジネスモデルの不自然さを補うためのメディア横断活動のことを、私たちは「軛の補完」と呼んでいますが、この軛の補完を実行し、数十年にわたり人気を維持している人物がいます。米国のポップスターのマドンナです。

マドンナは、1982年にキャリアをスタートさせています。これは音楽専門チャンネル「MTV」の開局（1981年）とほぼ同時期です。MTVの隆盛にあわせるかのように、マドンナはセンセーショナルな映像ありきの楽曲でスターダムに上りました。

彼女は、テレビだけではなくインターネットの影響力も見抜いていたスターでもあります。ネットの普及で、楽曲がタダで聴けた時代があったことを覚えている方もいるでしょう。ネット上でたくさんの違法の音楽が流れていました。

現在はしくみも整い、きちんとお金がとれるようになりましたが、あの時代のマドンナは2007年にワーナーミュージックと契約を解消し、興行プロモーターの大手ライブ・ネイションと契約します。

これが何を意味しているかというと、マドンナは消費者の支払い対象をコンテンツそのものからライブ体験へとシフトさせたのです。

楽曲がネットでどんどん聴けてしまう時代になり、楽曲の価値が低下したので、ライブに来てもらうための釣り餌として楽曲を使うようにしました。ですから、マドンナは他のアーティストに先駆けて、新曲を出すとPVをYouTubeに無料でアップしました。そして「マドンナのライブに行きたい」と思わせるようにしたのです。

マドンナが凄いのは世の中の技術の発展に伴って、変化し続けている点です。状況を見ながら戦略を変えて、支払い対象を移行させました。

最初は映像を使ってプロモーションして、楽曲を買わせました。このときはPVが釣り餌だったわけです。

しかし、楽曲がネット上で無料で流れるのが当たり前になると、楽曲を無料で出して、ライブで稼ぐ方法に切り替えました。潜在顧客を広げるためのプロモーションツールに楽曲を位置づけたのです。

ＡＫＢのビジネスモデルはマドンナと同じ

当時、業界でもこの戦略は大変注目されましたが、このとき業界は「ＣＤを軸足にした業界のエコサイクル」で動いていました。そして、これ自体の変化には至りませんでした。すでにＣＤの売上は陰りを見せ始めていたのにかかわらずです。

なぜなら、レコード会社にしてみれば、ＣＤで稼ぐほうが楽だからです。ＣＤは流通に乗せれば、放っておいてもお金が入ってきます。ですから、レコード会社はこのときネット上で違法で流れている音楽の取り締まりに躍起になったのです。

しかし、ＣＤの後はサブスクリプション時代に突入しました。ここにきて、コンテンツからライブ体験へと価値づけの移行がようやく起き始めています。

日本では、みなさんもご存じのＡＫＢがわかりやすい例です。

ＣＤを使って会える権利を販売したのも、マドンナの戦略と同型です。楽曲はあくまで釣り餌で、楽曲で稼がずに、別のところに価値を作ってお金を稼ぐ方式です。

なぜ新聞社は失敗し続けるのか

ライブのような、「体験型」のコンテンツは今後進むでしょう。インターネット上の仮想世界「メタバース」が普及すれば音楽業界の景色は一変するかもしれません。ただし、現状で、多くの企業がマドンナのように価値づけを移行させることは難しいのが現実です。

マドンナの戦略は、消費者をスマホから引き離す戦略です。スマホから離れてもらって、別のところにいかに価値を見出すかが根底にあります。**スマホで課金させるモデルとは無縁の世界だからできます。**現在の環境という軛を無視して事業モデルを構築できたといえるでしょう。

一方、大半の企業は、これまで見てきたように既存のエコシステムに縛られています。これまでの既定路線をなぞり、消費者に規格化されたコンテンツを受け入れてもらう戦略に終始しています。さきほどのＣＤがいい例です。ネットに楽曲が無料で流れたら、必死にそれを止めてＣＤを売り続けるしかありませんでした。これでは消耗戦に突入せざるをえません。その結果、何が起きているかというと、市場が小さくなり続けるしかありません。

これがすべての旧来メディアで起きている現象です。なぜそうなるかというと、**テクノロジーの急速な発達で、企業と消費者に価値のギャップが生じているからです。**

恐ろしいのは「コンテンツの切り売り」

新聞業界も価値のギャップに苦しむ業界のひとつです。

これは、提供する側と消費者の意識のずれに問題があります。新聞社は掲載している情報に価値があると考えてきました。新聞社にしてみれば、消費者の支払い対象は情報です。ですから、新聞社はスクープを日夜追い求め、今も求め続けています。

ところが、大半の消費者は「新聞紙」という物を買っていると思っていました。そのため、消費者はネット版の新聞に課金するのをためらいます。**ネットと言えばタダで読めるものと思うからです。**新聞は情報産業を自称していますが、消費者からしたら、情報を買っていると思っている人は多くありません。つまり、新聞社側は、「インターネットの世界の消費者の意識」に、「旧来の自分のメディアの価値をそのまま持ち込みたい」と思い、そのギャップにより失敗しているということです。

ここまで、企業側のシステム（ここでは、新聞社から見たら情報に価値があるとし、提供してきたこと）をエコシステムと呼んできました。そして、ここでは、エコシステム（企業側）の逆の、**「消費者側から見た視点のシステム」をエゴシステムと呼びたいと思います。**「ネットが無料で読める」という価値観がエゴシステムです。

さて、ギャップを埋めるために、新聞社は消費者を納得させる必要が生まれました。そこで、大きな失敗をしてしまいます。

それは「情報こそが支払い対象」と認識させるために、「就職に役立つ」、「試験に役立つ」など自社の価値に言及をしてしまいました。自社の情報にはこのような利益があると自ら発信します。しかし、そうすると価値づけとは狭い範囲なだけに、特定のコンテンツにぶらさがります。就職するときだけ、試験を受けるときだけの新聞になってしまいます。

その結果何が起きるかというと、新聞社そのものへの支持や愛着が消えます。

かつては、特定の新聞社を支持して新聞を買う人が大半でした。これはメディア選択をしていたわけです。「朝日新聞」「読売新聞」のように、ラジオ局やテレビ局を「メディア体験」として選ぶのと同じ行動でした。

本来なら、小さな価値づけをするのではなく、大きな「メディア体験」をさせる施策を打つべきでした。しかし、目先の小さなコンテンツの切り売りに目がいってしまったのです。**そう、最もやっていけないのは、「コンテンツの切り売り」です。**そうではなく、バックにある大きなものをアピールするべきでした。

それが、新聞社自ら情報に価値づけをしてしまったために、消費者は「ある情報」だけを取捨選択するようになりました。朝日新聞や読売新聞といった、ざっくりしたスタンスなどで購読紙を選ばずに、ひとつのコンテンツで選ぶようになります。

つまり、新聞社にとっては、自分たちの顧客を自分で切り離してしまったといっても過言ではありません。朝日ファンや読売ファンは急速に減ります。そして、今、実際にそういう状況になっています。**新聞社はコンテンツ供給者に格下げされる道を自ら選択してしまったのです。**「旧来のメディア」問題は他にもたくさんあります。

ラジオを例にとってみてみましょう。

スマホで見ると、みなライバル――ラジオをYouTubeで聴く時代

音楽業界も新聞業界も直面している課題はすべて同じです。企業は軛にとらわれたままであるのに対して、消費者にとっては、そんなことは関係ありません。立場の違いは鮮明です。

消費者のほうが先を行っているとも言えます。**彼らは、デバイスやサービスを横断的に使いこなしながら、すでに「旧来のメディア区分」を超える体験を自然に、自分が使いやすいようにしています。**

これまで企業が情報を発信し、消費者は受ける側でした。しかし今は誰もが情報を受信するのも発信するのも自由です。

新聞を紙で読む必要もなければ、音楽を聴覚だけで聴く必要もありません。企業の都合であるシステムを、そのまま引き受ける消費者などもういないのです。

例えば、最近はラジオ番組をYouTubeで聴く人が増えてきており、ラジオ局によっては公式チャンネルをYouTubeに持っています。そして、一部の番組ではすでにラ

ジオよりもYouTubeで聴かれる現象が起きています。本来ならラジオ局もすべての番組をYouTubeにアップしたいところなのですが、できないのは、ひとえに出演者との契約の問題です。

しかし、今YouTube上にあるラジオの公式チャンネルの多くは、幅広いYouTube視聴者を直接対象にした取り組みにはなりきれていません。というのも、ラジオ局は、これまでの軛が前提の規格化されたコンテンツで、**しかもラジオ番組のほんの一部を、そのままもっと自由なコンテンツが楽しめるネットに投入しています。**

これは、ある意味コンテンツを切り売りする新聞社と同じ轍を踏んでしまっています。こうして、YouTubeの視聴者に、ラジオという「メディア体験」をうまく伝え損なっているわけです。

消費者から見れば「メディアの古い軛」は意味がない

このようにラジオ業界が情報環境の変化に合わせて柔軟に変化しにくい理由は、もうひとつあります。

それは「radiko（ラジコ）」です。

radikoは、電波で放送される各ラジオ局の番組を、音楽配信のようにネットで聴けるようにしたものです。radikoは2010年当時、「テレビは家にあるけどラジオはもはやない。これは我々の存亡に関わる」というラジオ局の危機感から生まれました。そこで、スマホ上でラジオが聴けるアプリを作ったのです。

しかしそこから10年、ラジオ業界はネットで番組を聴くradikoという既存の枠組みがあるがゆえに、消費者の情報環境の変化に対応することが逆に遅れてしまいました。

2010年のサービス開始当初は、ネット世界はプラットフォーム全盛でした。さまざまなサービスがアプリを作り、独自のプラットフォームで提供されていました。

しかし、そこから10年でネット環境、そして消費者の情報環境は劇的に変わってしまったのはこれまで見てきた通りです。

radikoは「エコシステム」の側（企業側）から見たら、これ以上はないプラットフォームです。しかし、この事情も消費者側のエゴシステムから見れば、まったく違ったものに見えるはずです。

radikoは、音楽配信のようにネット上でひとつひとつのラジオ番組を単体で聴けるものです。これは、既存のラジオ視聴者にとっては画期的でした。

しかし、そもそもラジオの視聴者ではないスマホのユーザーには、ラジオ番組を旧来のラジオという枠組みの中で聴かなければいけない理由が何もありません。聴きたいなら、いつものYouTubeで聴けばいいのです。だから、radikoをダウンロードしたり、それを使う理由や動機もありません。

インターネットの世界に出ていくなら、「旧来のメディア」区分は不利になる

インターネットの世界に出ていくなら、旧来のメディアはその形態を維持してしまうと不利になります。ここまで、新聞やラジオの例で見てきた通りです。まずそのことを自覚しなければなりません。

本節の冒頭でもお話ししましたが、そもそもメディアの形態は、単なる技術的な制約であることを思い出してください。ラジオがラジオであり、テレビがテレビだったのは、技術的な制約でしかありませんでした。ユーザーから見れば、本来は何でもいいのです。そして、その技術的な制約は今はなくなったのに、メディアは縛られ続けているのです。

仮に、ラジオに興味を持った新規の視聴者が現れても、日常的に使っている情報への接触手段を使いたいはずです。多くの人にとっては、いつも慣れ親しんでいるYouTubeを使うほうがradikoより面倒くさくありませんね。ラジオ番組が好きな人たちですら、好みの番組をYouTubeで聴けるなら、それで十分なはずです。

では、radikoはどうすればよかったのでしょうか。

私たちなら、「radikoでの楽曲配信」を提案します。

それは、ラジオよりも、市場的に音楽を聴く需要のほうが大きいからです。音楽もラジオも聴けるサブスクになれば、radikoはラジオを聴くためだけのアプリではなく、音楽を聴くためのアプリにもなり、私たちの生活の導線に入れます。

radikoが音楽を配信すれば、それに連動してラジオが聴かれる可能性も出てきます。つまりradikoをラジオの配信プラットフォームではなく、「音楽とラジオのプラットフォーム」に切り替えるべきだということです。

「音楽に加えて番組配信機能も付いているプラットフォーム」、こう聴けば音楽好きな方ならばもうおわかりだと思いますが、それを実現したのがSpotifyですね。

音楽プラットフォームがラジオの番組を買っているのは皮肉なことです。Spotifyは、最近ではさらにオーディオブックについてもサービスを広げるという噂もあります。

轍から外れるという意味で見た場合、音声コンテンツの網羅的なサービスの拡大は、非常に真っ当な戦略であるといえます。ひょっとするとNetflixのようにゲームにも進出するかもしれません（現にAudioゲームというカテゴリが存在します）。

先にも述べた通り、サービスが音声に限られ、かつアプリ主体のプラットフォームビジネスというのは、今後、サービス形態と導線の両面について革新が迫られることは間違いありません。

これはSpotifyとradikoだけではなく、他のあらゆる聴覚メディアサービスに共通する課題です。

「消費者主体の時代」とは、どういうことか

軛にとらわれていない消費者は企業よりもはるかに自由です。コンテンツの受け手としてだけではなく、発信者、つまり制作・提供においても、消費者のほうが新しいものを生み出しやすい立場になりました。前述の通り、私たちはこれをエゴシステムと名付けました。軛にしばられた従来の企業が持つエコシステムに対応し、まさに消費者が好き勝手するエゴシステムです。

企業は、これに負ける可能性が高くなっています。消費者は何にも縛られず、好き勝手に受信も発信もでき、自由だからです。

その結果として、どうなるでしょうか。

企業は消費者の都合で作ったエゴシステムに巻き込まれると、自らが作り上げてきたエコシステムを崩壊させがちです。雑誌も、すでにカルチャーを発信する役割ではなくなり、今世間で流行っているものを後追いで紹介することが多くなってきました。これまでに取り上げた新聞社もラジオも消費者のエゴシステムに巻き込まれ、エコシステムを崩壊させたわかりやすい例です。

では、これからどうすればいいんだと悲観する人も多いでしょう。打開策はあるのでしょうか。これは次章で詳しく話しますが、ここからは、前提となる知識を少し整理しておきましょう。

人間には「人の音声に敏感」という特性がある

私たちは、頭の中で物事を理解するとき、つまり「情報処理」に際して、複雑な情報を好まない傾向にあります。つまり、じっくり考える必要のある情報は、直感的にわかる情報よりも、後回しにしています。これはみなさんも経験としてわかるはずです。**私たちは、深く考えなければいけない情報を避けがちです。**

それを踏まえた上で、聴覚情報と視覚情報を比べた場合、「聴覚情報のほうが情報処理のコストは高い」、つまり面倒な傾向にあります。視覚情報は、「ぱっ」と見ると大体わかります。一方、聴覚情報はしっかり集中して聴かないとわかりません。そのため、時間もかかります。

私たちは、通常、情報量が多いと処理が大変で、少ないほうが楽だと思っていますがそうとは限りません。**少ない情報から理解するほうが、集中力や思考力や意志力など「認知的な資源」をたくさん使わねばならない場合が多いのです。**

人間はできる限り集中力や意志力を使いたくありません。そうしたコストが高い状態を「不快」と感じるようにできています。聴覚情報は認知的な資源が必要ですからコスパが悪いのです。

ただ、コスパが悪い聴覚情報にも例外があります。それは、会話です。私たちは、話し声や呼びかけには、半ば自動的に意識を向け、理解する習性があります。

みなさんも、会社で仕事中に音が鳴ったり、話し声が聞こえたりすると、気になりますよね。ついそっちを見てしまうはずです。それは、人間には「音声情報」に巻き込まれる、関係づけられる習性があるからです。

聴覚の強みは「親近感をわかせる」こと

視覚情報は、自分から情報を能動的に読み込みに行く場合がほとんどです。なので、面倒です。**しかし、話し声などの音声情報は半ば自動的に意識を向けてしまうような習性があります。**

例えば、タレントの写真を見ているよりも、そのタレントのラジオ番組を聴いたほうが親近感が湧く人は多いはずです。よく「ラジオは温かい」、「ラジオは親しみやすい」という声を耳にしますが、これも聴いている人が関係づけられ、疎外感が緩和されるからです。

ある人が、ラジオの特性とは、寒い日に「今日は寒いですね」と松任谷由実に言われることだと言っていました。これは、ただ「今日は寒いですね」というテキストをスマホを使って目で読むのと違います。ユーミンが人として温かいわけではなく（温かいかもしれませんが）、話しかけられると、自動的に巻き込まれる感覚の問題です。

ですから、聴覚情報を届けるラジオは「認知的な資源」を使わせてしまい、視覚情報に負けるものではあるものの、「**親近感を抱かせる」という点では群を抜いています。**

ただ、これまで見てきたように輌から抜けづらいラジオ局には、この問題解決は簡単ではありません。人を関係づけたり、巻き込んだりすることは従来のラジオの文脈でできますが、動画やテキストに比べて、集中力を使用させてしまい面倒になるという問題は乗り越えられないままです。

企業では輌から抜けることは難しいかもしれません。では、一度会社のことを置いて考えてみましょう。個人レベルで、この「聴覚情報」のデメリットを乗り越えたコンテンツがあります。知っておく価値があると思います。私たちは、VTuber をその代表例として見ています。

VTuberは聴覚中心のメディアの最前線

VTuberとは「バーチャルYouTube」の略です。二次元や三次元のキャラクターの姿で、YouTube上で動画をライブ配信する人たちのことを指します。

これは音声の利点である親近感は残しつつ、情報処理では視覚に負けることをカバーしています。つまり、音声を視覚的に補っているわけです。VTuberは、低コストで実現した点に新しさがあります。

音声に映像をつけるのはこれまでお金がかかりました。撮影や編集の機材も揃えなければいけませんし、何よりどうしたら面白い動画がとれるのかの技術も必要です。しかし、VTuberはキャラクターなので撮影は要りません。場所や資材の多くはソフトウェアで代替できます。ライブ配信ならば編集も不要です。

VTuberは瞬く間に支持を得ましたが、中身を分析すると、エゴシステムに即しながら、従来の聴覚メディアの課題をうまく解決しています。

人間は、最小限動くような絵などで十分「視覚情報」として認識し、それは聴覚で

理解するよりも楽だと感じます。その点で、VTuberには利点があります。

人間は人の会話を音だけで聴いても、顔などの視覚情報からその人が今はどういう感情なのかということを察知しようとします。楽しいのか、怒っているのか、感情の理解に努めます。音だけで探るのは集中力を必要としますが、VTuberはキャラクターで喜怒哀楽を表現できます。感情が視覚的に補われるだけで、私たちの認知負荷はすごく下がります。

そして、消費者のエゴシステムに乗っかりながら、支援、投げ銭などの新しい集金システムにも乗れています。これも、ひとえに軛から自由であるからです。

インターネットにより「新しいメディア」が生まれた

インターネットの普及により、ユーザーがさまざまなメディアを自由に楽しめるようになったことから発生したエゴシステムは、軛を前提とする企業には大きな痛手です。これがメディア業界を塗り替え、わかりにくくさせた原因です。

ですので、私たちはエゴシステムとエコシステムが逆転してしまった状況をしっかりと認識し、軛をいかに脱するかを考えなければいけません。もうすでに、視覚メディアも、聴覚メディアももはや存在しないのです。

これまでのメディアはもう消え去っています。**私たちの前にあるのは、かつての技術的な制約を持たない「複合メディア」です。**

インターネットより生まれた複合メディアとは何かを整理してみましょう。

複合メディアは、ただ視覚・聴覚の両方を含むことを意味しているわけではありません。例えば、テレビは複合メディアでしょうか。実は、テレビを「視覚メディアは聴覚情報を含んでいるから複合メディアですね」と考えるのは大きな間違いです。

なぜならこれまで見てきましたが、視覚メディアは音を確かに含んでいますが、消費者の事情（エゴシステム）に沿って、消費者側の負担を軽くすることを考えているメディアではありません。あくまでも自分たちの事情（エコシステム）にのっとったサービスを未だに供給しつづけています。新しいメディア、複合メディアは消費者が受け手と作り手、さまざまな機能を自由に横断するものです。

複合メディアでは、企業の都合ではなく、消費者の事情（エゴシステム）に沿って、消費者の負担を軽くする工夫が不可欠になります。

では、複合メディアはどのようにして、消費者側の負担を軽くすればいいのでしょうか。

その工夫のひとつは、すでに述べたように、人間の感覚をハックして、認知的な特性を利用することです。**これらが形になったもののうちのひとつがVTuberであるわけですが、YouTube上ではこれまでもHIKAKIN（ヒカキン）などの個人や企業がこうした工夫を実現してきました。**第2章では、そうした事例を取り上げてみましょう。

第2章

人は
ネットが刺激する
「感覚」に誘惑される

2/1

メディア体験とは何か

重要なのは、どう伝えるかでなく、受け手がどう感じるか

第1章では、現在の消費者は意欲していないこと、そして企業がそうした状況をいかに打破しようとしているかを見てきました。

そこで明らかになったのは、消費者を意欲させようとせず、消費者に意欲させるのを回避しようとする企業の姿です。**消費者がなるべく選択したり、理解したりするコストを切り下げることで購買につなげようとしていました。**それは、局所的にうまくいっている部分もありましたが、いわゆる根本的な解決には至っておらず、全体では大きな改善はなく、失敗に終わっています。そして、その小さくうまくいっていることに足をとられて、抜本的な解決もできなくなっています。

人間は複雑です。選びたくないけれども、いざ自分で選ばないと満足しません。

これまで、旧メディアを例に見てきましたが、そうした消費者の身勝手さに合わせようとすることで彼らは苦境に立たされています。

企業は自分たちのそれまでのモデルを変えずに、消費者にあわせようとしますが、それでは先細りするだけです。

ラジオ局はアプリでラジオを聴かせようとしましたが、消費者にしてみればYouTubeで聴ければそのアプリを使う必要はありませんね。面倒なだけです。

この矛盾をどう乗り越えていくか。**ここで重要なテーマになるのが人間の感覚です。**

前章でも紹介しましたが、「聴くこと」は「見ること」に比べて、理解するのに時間がかかり、コスパが良くありません。ただ、聴覚情報にはほかの情報にはない利点があります。それが**「ほとんど意識させずに人を巻き込む特性」です。**みなさんも、話しかけられたり呼びかけられたりすると、つい注意を向けてしまった経験はあるはずです。人間はほかの人間の会話や、自分への呼びかけ、急な音に注意を向けてしまうようにできています。

聴覚情報の代表はやはりラジオです。ラジオは「温かい」、「パーソナリティーの熱量が伝わる」などとよくいわれますが、これは「ラジオだから」ではありません。正確に言うと、メディアの力ではなく、人間の機能の問題です。われわれは、「耳で聴くもの」はそういうふうに感じやすいのです。

ここでまず押さえておくべきは、情報を伝える側の技術ではありません。本章では受け手がどう感じるのか、どんなふうに受けとめてしまうのかをより深めていきましょう。これがわかることで、では何をすればいいかという理解がしやすくなります。

人間はどんどん楽なほうに流れる

ここまで、インターネットとスマホの出現により、新しくできたメディアは、旧来のメディアの区分とはかなり違っていると説明しました。本書では、それを複合メディアと呼ぶことにします。

例えば、YouTubeでYouTuberがふざけている映像と、テレビのバラエティーでタレントがふざけている映像は、同じように見えますが同じではありません。出演者やコンプライアンスの問題ではありません。

違いは何かと考える際に重要になるのが、私たち人間の情報処理の特性です。私たちは大変面倒くさがり屋で、楽な道に逃げるともこれまでお話ししました。楽に慣れた消費者に情報を届けようとすると、負担を免除する方法をいろいろ考えなくてはいけません。

その負担免除の仕方も冒頭でお話ししたように、負担を免除しすぎてもいけませんし、免除しなさすぎてもいけません。**そのさじ加減が上手なコンテンツが、複合メディ**

アで人気のあるものです。

その中で役立つのが、人間の感覚の理解です。認知的な特性を利用することで、コンテンツの消費ではなく、「メディアそのものの体験」を提供できるようになります。前の章で、「メディア体験が大切になる」と言いました。メディア体験とは、かつての「フジテレビっぽい」「マガジンハウスっぽい」というそのメディア全体の印象です。

先にも述べた通り、活躍するYouTuberやVTuberは、こうしたことをうまくやっています。以下では特にそのはしりであるHIKAKIN（ヒカキン）などを例にあげて解説します。

メディアが「聴くこと」も「見ること」も同じであると言うのは間違い

ヒカキンの凄さを理解するには、これまでのメディア体験との違いを知る必要があります。さきほど、かつての「フジテレビっぽい」「マガジンハウスっぽい」がメディア体験だと言いましたが、もうこれらは複合メディア時代には存在はしません。

ここでは、かつてのメディア体験がどのようなものかをまず振り返ってみましょう。

かつてのメディア体験は情報の取得手段によって決まりました。

ラジオで聴けばラジオ体験ですし、テレビで見ればテレビ体験でした。そして、これは技術の区分でした。企業はその技術の区分でビジネスモデルを作り上げました。

そして、企業としては伝達方法が違うだけで「伝えている情報は変わりませんよ」と消費者に言ってきました。見ようが聴こうが変わりません、等価ですよと強調してきたのです。

なぜこのように言ってきたのでしょうか。それは、メディアが広告とともにあるメディアだからです。

第1章の冒頭で触れましたが、かつては宣伝すればモノが売れる時代でした。広告で単純接触の機会を増やせば、モノが売れました。情報を届けるチャンネルを増やすことに大きな意味がありました。

ですので、広告主の企業は、テレビでも広告を打つし、ラジオでも広告を打ちました。同じ広告でも複数のメディアにまたがって広告を出して、接触機会を増やすことが販売促進につながりました。各メディアも積極的に自分たちは等価である、視覚と聴覚は等価であると言い続ければ続けるほど、自分たちが結果的に潤っていたのです。

そして、まずラジオが聴かれない時代になります。

聴覚情報がもつ本来の利点を理解しないまま、これまでのラジオ的なもののまま出してしまったことで「ラジオいらないよね」となってしまったのです。

ニュースをテレビで見ても、ラジオで聴いても、伝わる情報は一緒です。テレビが普及すれば、認知負荷で「視覚」に劣る「聴覚」のラジオはいらなくなります。消費者からすれば、その情報が等価ならばどちらもなければいけない理由はありません。

劣勢に立たされたラジオは固有の価値、存在意義を主張し始めました。「ラジオは文化だ」、「ながらでも楽しめる」のような言説が代表例です。

このように「ラジオは文化だ」と言い始めると、結局はユーザーの深掘りにつながります。つまりマニア受けはしますが、外からの参入障壁が高くなり、ますますマニア受けを狙う悪循環が今起きています。

そうした状況を、テレビの人たちは「ラジオの人は自分で自分の首を絞めている」と笑っていましたが、今やテレビが同じ状況になっています。若い人たちはラジオどころかテレビも見ていません。テレビの人たちも「等価」を謳っていたら、消費者はいつのまにかネットに移行してしまいました。

彼らは「映像で見ているものを音声で聴ける」、「音声で聴けるものも映像にできる」と説明してきました。ビジネスを回す広告のために、聴覚と視覚は等価でかつ互換的と主張してきましたが、本来そうではありません。

入れ替え可能ではないにもかかわらず、いつのまにか彼らの建前が強固な前提になってしまいました。

メディアのかつての分類と今の分類

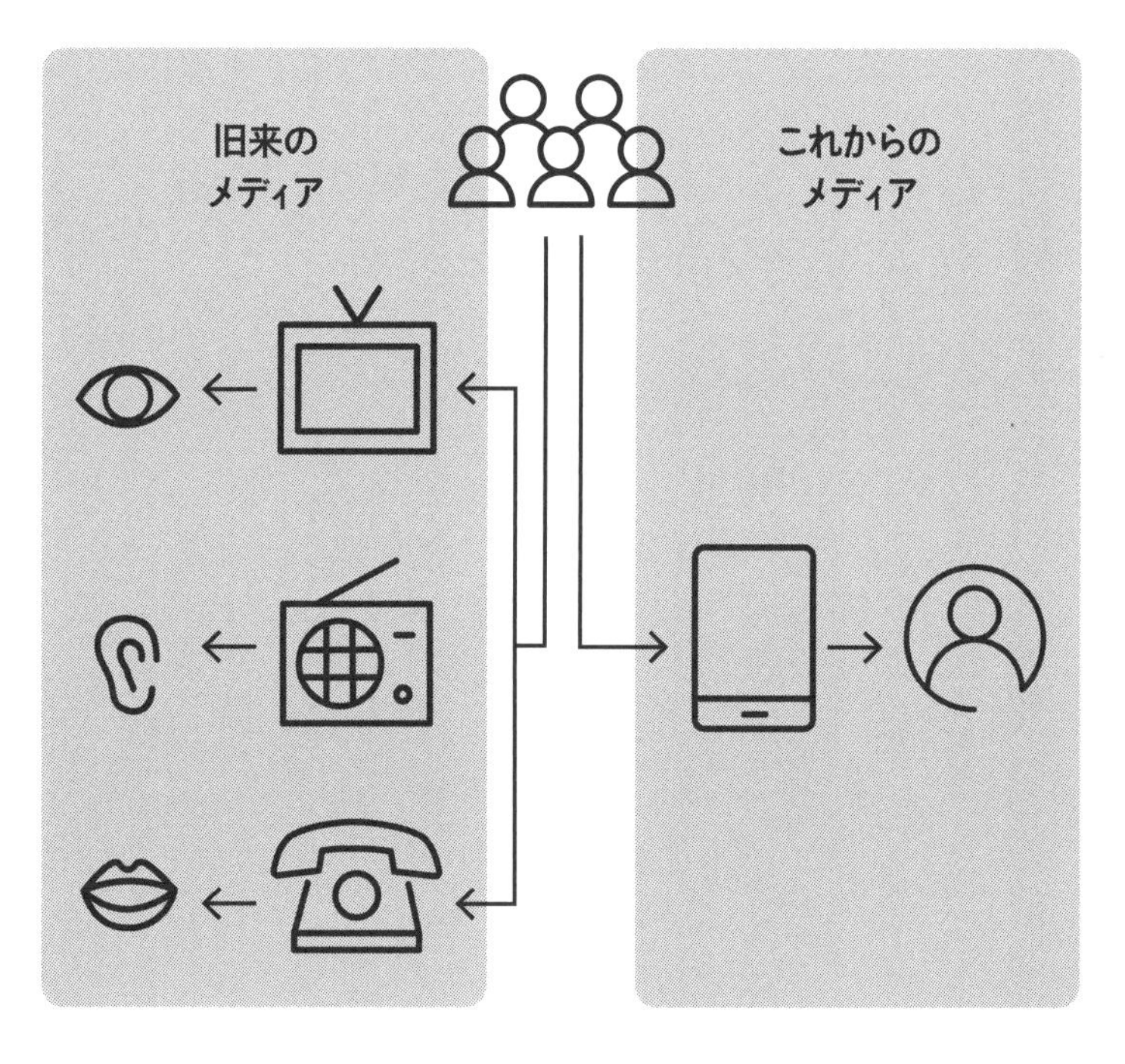

技術的な制約にもとづく情報伝達しかできなかったが、
これからは複合メディアになる

私たちの視覚と聴覚は「同じもの」ではない

旧来のメディアが「視覚と聴覚は互換できる」とさかんに喧伝したことが、現在大きな轍となっていると言いました。

私たちが視覚と聴覚を互換できると「早合点して」信じてしまう象徴的なCMがあります。作家の寺山修司が制作し1984年に放映された、ソニーのカセットテープのラジオCMです。

作中で、寺山は目の見えない若者たちが学ぶ東京都立文京盲学校を訪ねた経験を語ります。そして、「彼らは色を音で表現するんです」と言って、その例を挙げます。

「白い色はこんな音（蒸気機関車の汽笛の音が流れる）」「金色はこんな音（金属の鍋を叩く音）」。「鏡はどんな音」と訊くと「絹糸の切れる音」という答えが返ってきた。

その表現は独特で、詩的で新鮮な印象です。

「目の見えない人々には、健常者が持っていない独自の感覚や感性の豊かさがある」と感じる人も多いのではないでしょうか。私たちも当初はそう思いました。このCM作品は「ACCパーマネントコレクション（CM殿堂入り作品）」に選定されました。

それから40年後の現在、私たちは、目の見えない若者がどうメディアと接触しているのかを知ろうと、かつて寺山修司が訪れた文京盲学校を取材しました。

取材では、寺山修司が１９８４年に投げたのと同じ、色に関する質問をしました。生徒たちの答えは、40年前とはまったく変わっていました。

空は青であり、太陽は赤、金属の色は銀色だというのです。つまり、普通の答えです。わざわざ音に変換するようなことはなく、表現的にも感覚的にも健常者と何も変わりません。

寺山修司がＣＭの中で語っているのは、色を音に互換する、翻訳する行為です。当時の目の見えない子たちに「金色はどんな音」と聴いて翻訳されています。

ここで「金色はどんな音」という質問そのものが、「旧来のメディア区分にとらわれた発想」だということにお気づきになられたでしょうか。色と音は互換的で、かつ音に何か文化的なものがあるという理解は、私たちが軛にとらわれたままであることを表しています。私たちが寺山のＣＭに抱く感想は単なる幻想なのです。

寺山がＣＭ作成時に、盲学校の生徒から聴いたという話は嘘だったのでしょうか？現在の私たちの取材では、一回も色を見たことがない子供と健常者の表現がまったく変わらない答えが返ってきました。どうしてなのでしょうか。

なぜかと先生に聴くとスマートフォンの登場が子供たちの世界を一変させたと解説してくれました。

スマホは音声入力、音声読み上げなど、視覚障害者の困りごとを補い、視覚世界を音に変換するツールとして圧倒的な力を今、発揮しています。テキスト読み上げ機能の発展も著しく、数多くの読書が可能になります。

スマホは、視覚障害者の意思に応え、目の代わりとなって、彼らが「知りたい」と思ったこと、「今これが見たい」と思ったことをその場で「見せてくれる」ツールになっているのです。集中してじっくり読むときは点字デバイスを使って、他の多くの読書にはスマホで音声読み上げ機能を使うなどさまざまなツールを用いた情報体験が可能になっています。

結局、取材を通じて思い知らされたのは、「私たちが『感性的な表現の豊かさ』と勝手に思っていたものは、実はただの情報格差に過ぎなかった」という事実です。

私たちが80年代の子供たちの表現を詩的に感じたのは、完全に私たちの勘違いに過ぎません。80年代の目が見えない子供たちは触れられる情報が限定されていました。

接触できた情報がごくわずかで、彼らが触れられる範囲の中で色を表現しようとしただけだったのです。

それを私たちは詩的と勝手に読み込みました。

「白い色は蒸気機関車の汽笛の流れる音」というのは彼らの限定された情報接触の範囲で紡ぎ出した言葉だったのです。「機能が制限されているがゆえに生まれる感情の豊かさ」というような勝手なイメージや幻想を抱くのも、健常者の側の傲慢にすぎません。**どうも、私たちには「聴覚と視覚」は無理なく互換でき、そこから得られる情報の価値も等しいと錯覚する傾向があるようです。**しかし、そうではありません。互換するには圧倒的な情報格差を埋めなければなりません。

今も昔も、目の見えない子どもたちは直接、青い空を「見る」ことはできません。けれども今の子どもたちは、青い空を称える詩や小説を大量に「読む」ことができます。さまざまな作家の目を通じて、色の概念を身につけています。その感覚は健常者である私たちとほとんど変わりません。

だから今、視覚障害者である彼らにとっても、きっと空は生き生きとした青色なのです。

人間は「聴く」と「見る」を混同しがち

もうひとつ最近の事例を挙げます。

クリスチャン・マークレーというアーティストがいます。彼は「視覚と聴覚を組み合わせる現代美術作家」として評価されています。2021年末に日本で彼の作品展があり、業界では話題になりました。

興味深いのはマークレー自身が本当に表現しようとしていることと、彼の作品をキュレーションしたキュレーターの解釈に大きな違いがある点です。

キュレーターはマークレーの展示会のメインテーマを「トランスレーティング（翻訳する）」としています。[4] この言葉からもわかるように、視覚と聴覚の互換をコンセプトとして打ち出しています。

ただし、マークレー自身はインタビューで自身の作品を翻訳しているとは決して言っていません。

「サウンドの組み合わせがうまくいっても、イメージがつまらなければ成立しません。サウンドとイメージが他とうまくかみあって、よいバランスを作り出す断片を見つけることが大切です。イメージとサウンドを同時にＤＪしている感覚に近い」

マークレーのコメントを読む限り、イメージとサウンドの特性をうまく配合してバランスして、同時に表現する姿勢がうかがえます。キュレーターの「彼の作品は視聴視覚間を翻訳する行為」との解釈はミスリードに思えます。

彼自身がインタビューの中で真意を語っているにもかかわらず、キュレーターが誤読してしまうのは私たちが軛に捉えられているからです。

美術のプロですら作家本人の言葉を間違えてしまうくらい、現代の人間にとって「視覚」と「聴覚」は同じで、翻訳するものという思い込みは強いようです。

目が見えない人でも、YouTubeを「聴く」ではなく「観る」と言うのはなぜ？

マークレーの例は私たちに重大な示唆を与えてくれています。

それは、感覚は「互換」ではなく、「補完」しているということです。同じものを同じように理解しているのではなく、それぞれを別のルートで理解しているということです。こう言われてみれば当たり前だと思うかもしれません。**しかし、前までの例のように、私たちの思い込みは強いのです。**

そして、この補完性を上手く活用しているのが人気YouTuberのHIKAKIN（ヒカキン）です。

盲学校の取材では、学生たちに日常生活で何が情報源かについても尋ねました。私たちとしては、「ラジオ」という答えを期待しました。簡単にいうと、「目の見えない子どもたちは、視覚重視の方向に向かう動画メディアに疎外感を感じていて、聴覚メディアであるラジオの重要性を訴えるのではないか」という仮説を描いていました。

ところが、回答はまったく予期せぬものでした。「みなさんはふだん、どんなメディアに接していますか」という質問に対し、「いちばん観ているのはYouTube」という、いかにも今どきの高校生らしい答えが返ってきたからです。

これは驚きました。目が見えないはずの生徒たちがYouTubeを「観る」と表現したのですから。

「いちばん観ているのはヒカキンかな」

「うん。ヒカキン面白い」

生徒たちはYouTubeも、ヒカキンも「聴く」とはいいません。

しかし、ネット上でもっともポピュラーな動画メディアであるYouTubeは、「聴覚情報の視覚化」がもっとも進んだコンテンツといえるでしょう。それをなぜ、視覚障害者の子どもたちが好んで「観て」いるのか。

私たちが「テレビを観る」といった場合、「テレビ」と「観る」のふたつの単語でできています。一方、盲学校の子供たちと会話をしているうち、私たちはYouTubeは違うのではと考えるようになりました。「YouTubeを観る」でひとつの単語として捉えるべきではないかと。そう考えると、彼らが「YouTubeを観る」といった理由がわかります。

ヒカキンの動画はなぜ人気なのか

ヒカキンがなぜ彼らに人気かを考えてみましょう。私たちは、それが動画の「音」ではないかと思いました。

ヒカキンの動画を音から分析すると、さまざまな効果音やエフェクトが巧みに使用され、番組を盛り上げているのがわかります。**おそらく、ヒカキン自身も当初は意識していなかったと思いますが、音と言葉の使い方に整合性があるのです。**

ヒカキンおなじみの商品の紹介動画を見てみましょう。

そこでは、「これ買ってきた」という言葉が「ドーン」という効果音とともに語られます。音を聴いているだけで「商品が今、登場した」ことがわかります。

ここで使われる音は、同じものの使い回しでも、ランダムに使ってるわけではありません。その状況に応じて音を使い分けていて、「どこで何が出た」というのがわかりやすいので、実は映像を観なくても音だけで何をやっているかがわかります。

商品の開封時には「では、今から開けます」という語りがつきます。開封の後には商品の紹介や説明があり、「使ってみてここが面白かった。ここがすごい」といった感想が続きます。

「これ、すげえな」といっておきながらも、「がっかり」する場合もあります。が、こうしたケースでは声色が完全に使い分けられているので、音だけですべての状況がわかるように構成されています。音を有効に使うYouTuberは他にもいますが、ここまで規格化された人はほとんどいないはずです。

ですから、目の見えない人たちからすると、非常にわかりやすい。ヒカキンが視覚障害者や子供たちに人気があるのは、単に内容が面白いだけではなくて、**わかりやすいという要素も大きいといえるでしょう。**

そして、そのわかりやすさは、視覚的に表現されているわかりやすさだけでないのは見てきた通りです。音を使って、私たちの認知的な負荷を切り下げることで、半ば自動的にコンテンツの文脈を解釈させる作用を持たせています。

これが「複合メディア」です。音と視覚がバランスされていて、認知的な負荷が低いので、スッと入っていけます。

テレビでも、音がついていると思うかもしれません。しかし、それはあくまでも視覚の補助で、認知的な負荷を下げるほどではありません。

ヒカキンは、子供たちにも目の見えない人たちにも非常にわかりやすい設計になっています。目の見えない人たちが「見る」と表現したのは視覚的な行為ではなく、複合メディア体験を指したものといえるでしょう。

さきほど、「YouTubeを観る」がひとつの動詞になっていると言いました。ヒカキンのコンテンツはまさしく、「視覚と音とどちらかが優位というわけではない、両方が補完し合っているひとつのコンテンツ」と言えます。複合メディアで使う新しい動詞と言えるでしょう。

ゲームは、視覚だけでなく音声の設計もしっかりしているから優れている

これは余談ですが、盲学校の生徒たちに「普段、何をして遊んでいますか」と聴くと、「ゲーム」、「対戦ゲーム」という答えが返ってきました。どうやってゲームをするのかといえば、彼らは音によってキャラクターの動きを聴き分けます。

視覚に障害がない人はほとんど意識していませんが、対戦ゲームではキャラクターの動きに常に効果音が伴っています。そして、音それぞれにすべて異なる意味があります。パンチを打ったときの音とキックを放ったときの音は異なりますし、キャラクターが跳躍し、着地したときの「シュタッ」という音ひとつをとっても、キャラクターごとに違います。

動作ごとに効果音がつき、その音が動作ごと、キャラクターごとに異なっているので、彼らは音の組み合わせによって攻防の様子を知り、「今、何が起こっているのか」を聴きとることができます。実際にプレイしているのを見せてもらいましたが、目が見えている人と変わらないレベルです。

取材中、遊んでいるゲームとして生徒たちが挙げたのは『ドラゴンボール』や『ワ

ンピース』といったバトル系のゲーム、『ストリートファイターII』の比較的初期のバージョンなどでした。

『ストリートファイターII』は左右に配置されたキャラクター同士が戦う、２Ｄタイプの格闘ゲームです。戦闘中にキャラクター同士が入れ違い、左右逆になることもあります。

好まれてプレイされる『ストリートファイターII』のバージョンでは、キャラクターごとの効果音は片方の耳それぞれから聞こえるモノラルでした。モノラルとは、複数のスピーカーから聞こえるステレオとは違い、例えば右に配置されたキャラクターの音は右からだけ、左に配置されたキャラクターの音は左からだけ聞こえるような、ひとつのスピーカーだけから聞こえる仕様のことをいいます。だから、キャラクターが左右入れ替わったとしても、彼らはすぐに聴き分けられます。

ストリートファイターシリーズのプロデューサーの方にも話を聴いたのですが、音やキャラクターごとに音を変えたのにはこうした意図はなかったらしく、この話に非常に驚いていました。

ところが、バージョンが上がっていくと、動作ごとの効果音などは変わりませんが、音響が変わりました。両方のキャラクターの音が左右から同時に聞こえてくるステレオのつくりになったのです。

そうなると生徒たちには、モノラルだったときには判断できた、音によるキャラクターの位置関係の判別ができなくなってしまいました。**ゲームが世界を席巻しているのは、視覚だけでなく音声の設計もしっかりしているからだとも言えます。**

これは非常に重要な示唆に富んでいます。

私たちは音が鳴ると、どこから音が鳴っているか、方向を知覚できる能力を先天的に持っています。だから、音が鳴るとその方向をつい振り向くのです。ですから、携帯電話の着信音はステレオではなく、意識的にモノラルでつくられています。

みなさんも、携帯をそこらに放って置いてどこにあるかわからないときに、他の人に鳴らしてもらって探した経験があるはずです。あれは私たちの方位知覚が働くからです。これも音の特性のひとつで、音源の位置を人間がわかるからです。詳しくは第2節でお話しします。

ラボでは、全盲者が格闘ゲームで対戦する様子の取材を行った

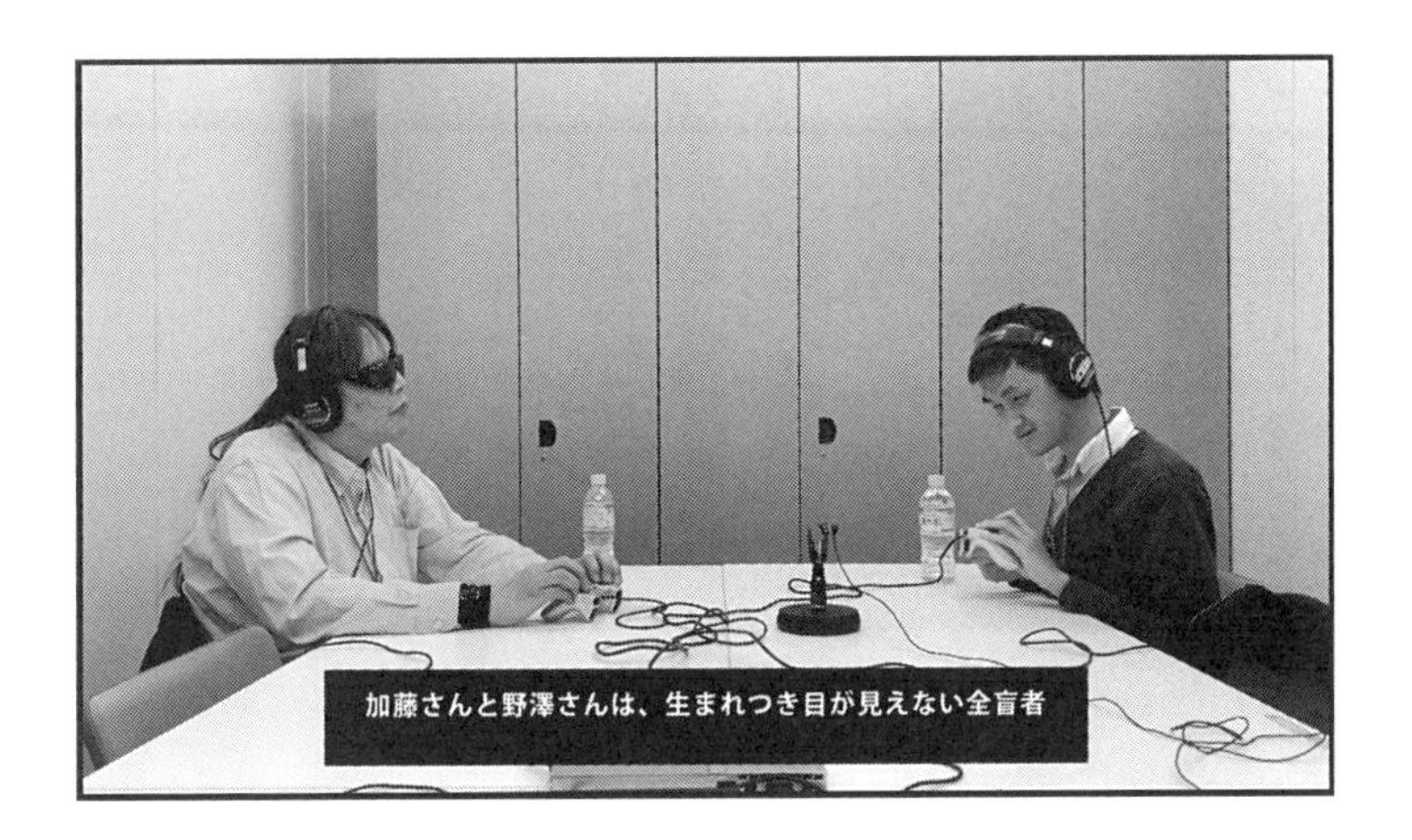

PLAY WITH BLIND GAMERS（2020）
共同企画：（株）TBS ラジオ、田中みゆき（DDD Project）
企画協力・出演：野澤幸男（DDD Project）・加藤秀幸（DDD Project）
プロデュース：ScreenLess Media Lab.
協力：CAPCOM

YOASOBIは「音楽」と「アニメーション」を融合させ新しいジャンルを作った

ヒカキンと同じく、「複合メディア」成功例は歌手の分野にも出現しています。その中からYOASOBIを例にあげたいと思います。

私たちはYOASOBIも複合メディアだと考えています。「YouTubeを観る」というひとつの動詞の対象になっているコンテンツとしてヒカキンがあると言いましたが、YOASOBIも同様です。

YOASOBIのブレイクのきっかけは、YouTubeにアップされた数々のアニメを使ったPVでした。今、あえてわかりやすいようにPVといいましたが、厳密にいうとあれはPVではありません。

というのも、これまでのPVは販促ツール、プロモーションツールでした。「音楽」を売るために映像がついているというものです。

一方、YOASOBIは旧来のエコシステムではなく、エゴシステムの上に構築されています。音と映像を足しているのは同じですが、新しいものを作り出していることが違います。

具体的にいうと、YOASOBIのコンテンツには脚本があります。伝えたいものがまずあって、それを映像と音楽で表現して、YouTubeで総合的な作品にするコンセプトなのです。従来のPVとは設計思想が異なり、動画と音とのひとつの有機的な関係としての作品になっています。

ですから、コンテンツから音楽を引き剥がしてその価値があるかというと、疑問です。ふたつは分かちがたく、ふたつでひとつのものと考えるべきだろうと思います。紅白でYOASOBIの歌を聴いて違和感を抱いた人もいるのではないでしょうか。

ヒカキンもYOASOBIも聴覚と視覚を足して、まったく新しいものを作っています。また、聴覚の認知負荷も視覚を上手に使って下げています。

このふたつの人気コンテンツを「メディア体験」を与えるものとして捉えると、私たちが目指すべき方向性が見えてきます。

この話は広告のマーケティングでも応用が可能です。このしくみを理解することが、現在の環境で情報を届ける大きな武器になるはずです。

2

2 新しいコンテンツには「音声」が不可欠

消費者からの要望で生まれてきた「新しいメディア」

ここまで、ヒカキンとYOASOBIを中心にして、新しいメディア体験とは何かを見てきました。私たちがスマホ上で触れているメディアは、単なる視覚メディアでも聴覚メディアでもありません。私たちは面倒くさがりで、認知的な負荷の低さを求める傾向があります。**そうした習性から半ば必然的に生まれたのが複合メディアです。**

複合メディアは企業の事情ではなく、「消費者の都合」によって生まれました。

消費者が認知的に負荷の低いものを求め、それが新たな標準になりつつあるといってもいいかもしれません。それは企業が意図していないものです。

前節で取り上げた複合メディアの代表例の人気YouTuberであるヒカキンも当初は

意識して複合メディアをつくっていたわけではないでしょう。回数を重ねてバズるようになるにつれ、規格化されていったはずです。

ここで見逃せないのは視覚メディアの代表例と思われてきたYouTubeで「音声が非常に重要な役割を果たしている」点です。

なぜ今、音声が期待されているのか

日本でラジオ放送が開始されたのは1925年です。「ラジオの時代」は意外に短く、30年程度でメディアの主役はテレビに変わりました。戦後に普及したテレビは、東京五輪が開催された1964年には普及率が9割近くに達していました。**テレビは技術の新しさもありましたが、認知負荷の低さがこの流れを後押しした可能性が高いでしょう。**「ぱっ」と一目みてわかるから、楽なんですね。

ただ、テレビが「メディアの王様」になったからといって、当時は聴覚情報が必ずしも軽視されていたわけではありません。わかりやすい例がテレビCMです。今よりもはるかに聴覚を意識したCMが少なくありませんでした。

例えば「牛乳石鹸」のCMをみなさんも一度は耳にしたり、目にしたりしたことがあるでしょう。ある年齢より上の方は、「牛乳石鹸、よい石鹸」とテレビで流れていたCMを覚えている人も多いはずです。

この「牛乳石鹸」の正式な商品名をご存じでしょうか。実は、この石鹸の名前は牛乳石鹸ではありません。真っ赤なパッケージに牛が描かれていますが、牛乳石鹸とはひと文字も書かれていません。正式な商品名は「カウブランド赤箱」です。牛乳石鹸は会社名である牛乳石鹸共進社の略称です。

このＣＭは聴覚をうまく利用したブランディングといえるでしょう。「牛乳石鹸、よい石鹸」とＣＭで流れるのは１秒やせいぜい２秒です。しかし、それによって多くの人に認知させました。

印象に残る聴覚情報をうまく使う戦略は珍しくありません。湖池屋のポリンキーのＣＭ（「ポリンキー、ポリンキー、三角形の秘密はね～」と３人の三角形のキャラクターがダンスを披露する）や日立製作所の「この木なんの木気になる木」で始まる企業ＣＭ「日立の樹」を思い浮かべる人も少なくないはずです。

80年代、90年代のテレビは地上波しか映らない家庭が多く、チャンネルもそんなにありませんでした。技術的にもＣＭのスキップが不可能でしたので、流しっぱなしにする視聴者も多く、企業からすると視聴者に強制的にＣＭを見せられるという環境にありました。

消費者は、視覚情報を無視し始めている

その後、インターネットが普及したあたりから、そうしたCMが減ったことに気づかれましたか？　聴覚情報への意識がどんどん失われていったのです。

その理由のひとつは、聴覚情報のもたらすメリットよりも、視覚情報に頻繁に触れるメリットが大きくなったからでしょう。

技術の進展もあり、テレビだけでなく、街頭広告も含めて動画メディアが身の回りにあふれるようになりました。

人間はそれに触れる回数が多いほど好感を持ちやすい傾向にあります。これは、認知心理学の用語で「単純接触効果」と言います。じっくり聴かなければいけない聴覚情報よりも「ぱっ」と見てわかる視覚情報のほうが手っ取り早く回数を稼ぎ、効果を高められます。そうした環境の変化もあり、いかに視覚に触れさせるかに軸足が移り、聴覚情報に対する注目が減りました。

ただ、人間の処理能力には限界があります。

視覚情報を重視したマーケティングがあふれた結果、消費者にとっては情報過多になり、逆に大して注目もされなくなってきました。

具体的にいうと、視覚情報がスキップされたり、早送りされたり、無視されたりとまともに目にとまらなくなったのが現状です。特にインターネット上では２０１０年代以降に急速に視覚情報が氾濫するようになり、誰もＣＭなどまともに気にかけない状況になっています。

YouTubeの動画広告はスキップされることを前提に作られている

それならば、どうすれば消費者は気にかけてくれるのでしょう。聴覚に働きかければよいのではないか。これが聴覚情報のメリットに注目が再び集まった背景です。

例えばYouTubeの動画広告の制作会社では、動画はスキップされるという前提で動画広告を企画しています。

YouTubeは広告の冒頭の数秒はスキップできません。ですから、その数秒で何ができるのかに知恵を絞っています。その際、聴覚情報を中心に設計しています。視覚情報はどう作ろうがまともに見てもらえないからです。

画面のほうにお金やアイデアをかけたところで費用対効果が悪いので、それならば、聴覚情報に全勢力を注ぎ込もうとしているといっても過言ではありません。具体的な手法については第4章で詳しくお話しします。ここでは、視覚メディアが聴覚情報に関心を寄せているという状況があるということを知っていれば十分です。

さてこれからは、視覚メディアは聴覚情報に関心を持ち、かなり研究、実装が進んでいるのに対し、肝心の聴覚メディアは旧態依然としていて、期待に答えられない原因を見ていきます。「聴覚の時代がくる」とかけ声は凄いのですが、現実が伴っていません。その原因は、やはり旧来のエコシステムです。

その実態をデータを使って見ていきましょう。

「音声」ブームはずっと来ていない

最近の音声ブームは技術の発達が牽引してきました。特に環境を大きく変化させたのは、無線の技術です。これが音との接触を増やしたのは間違いありません。Appleで、ワイヤレスのマイク付きイヤホン「AirPods」が発売されたのが2016年の12月です。Bluetooth（デジタル機器のデータ通信をやり取りする無線通信技術）が広く認知されるようになり、それとともにiPhoneにイヤホンジャックがなくなります。

ワイヤレスイヤホン市場が大きくなるのに並行してお茶の間でも変化が起きます。インターネットにつながり、音声操作でさまざまな指示が出せる「スマートスピーカー」がAmazonやGoogleから発売されます。それまでアップルのSiriのようなAIアシスタント機能はスマホの中に限定されていましたが、音声認識技術が向上したことにより、生活に持ち込まれました。

このように、ワイヤレスイヤホンの登場では意識的に音を聴く機会がかつてより増え、そして、音声認識技術の向上で気軽に使えるようになりました。

その後、2018年にはPodcastなどの音声コンテンツに注目が集まるようになります。GoogleがPodcastアプリの配信を開始するなど続々とサービス化されていきました。

ここで気をつけたいのは、これは自然発生的にPodcastを聴いている人が増えたというよりは、Podcastなどのコンテンツを「聴かせよう」という関係者たちのしかけだということです。技術的なことで起こった「聴く」環境の変化を逃さず、消費者の注目が音声コンテンツに向かうように一所懸命誘導したのです。というのも、Podcastはすでに存在していましたが、それまでは鳴かず飛ばずでした。

こうした話題先行のブームは2019年に頂点に達します。「音声こそ次世代メディアである」と、企業の大合唱が巻き起こりました。しかし、私が知る限りそのようなことはなく、そのことは今日まで変わりません。

気をつけなければいけないのは、「音声メディアが今後くる」と「音声が注目されている」では話がまったく異なるという点です。残念ながら、音のコンテンツの市場性は、データでは増えていないのです。

人間はそもそも「ながら」はできない

音声コンテンツに期待する企業が「市場は拡大する」という論拠にしたのがスマホのスクリーンタイムの増加です。スマホの見すぎは今や社会問題です。生活を見直そうとする「デジタルウェルビーイング」が提唱され、画面を見る必要がない音声に追い風になりました。

といっても、これは建前の話で、もちろん企業としては、スクリーンタイムの増加を解決したいわけではありません。スクリーンタイムの奪い合いは完全にレッドオーシャンなので、どうにかして、別のところに活路を見つけたかったのが本音です。ブルーオーシャンがどこかと探していて、「耳はまだ空いている」となったわけです。

満員電車の中でスマホをカバンから取り出して操作できなくても、音楽は聴けます。音楽を聴けるのならば、同じ耳を使って聴覚コンテンツを聴かせられるのではという発想です。そして「耳の可処分時間はまだまだ残っている」と主張し始めました。

この背景にあるのは音声なら「ながら」ができるとの思い込みです。

移動しながらでも、家事しながらでも音声は聴けると思われています。みなさんの中にも音楽やラジオを聴きながら勉強した人がいるでしょう。

「耳はまだ空いている」を象徴的に表しているCMがあります。ハリウッド俳優のドウェイン・ジョンソンを起用したAppleのものです。この広告の中で、ドウェイン・ジョンソンはAirPodsを装着して、Siriに話しかけながら、いくつものタスクを同時にこなします。AIアシスタントと音声コマンドを使って、マルチタスクを実現する世界を描いています。

最新機器を使った優秀な人間が、かっこよくタスクをこなす——これはいかにもあり得そうなことですが、どんな人も、実は現実では不可能です。

というのも、人間は「ながら」はできません。「非注意性盲目」が起きます。これは心理学の用語で、私たちはひとつの物事に注意を向けると他のことができなくなるというものです。**人間の認知能力はけっこういい加減で、ひとつのことに取り組むと他のことができなくなります。**

道路交通法で走行中の携帯電話の操作が禁止されていますね。これには、学術的な根拠があります。運転中に通話することで事故のリスクは約4倍になるという報告もあります[5]。何度も言いますが、人間は「ながら」ができるようにはなっていないのです。

しかし、そんな事実をよそに、聴覚市場は「耳はまだ空いている」と過熱する一方でした。VoicyがＴＢＳや電通などから7億円を調達するなど音声市場が盛り上がり、メディアには「Podcastが熱い」などの記事があふれました。

さて、企業主導で作ったブームは本当に呼び水になったのでしょうか。

「420億円」のデジタル音声市場がある？

2021年にClubhouseが新しいSNSと期待されながら、急速に失速したのは第1章で話した通りです。2018年から2019年頃にかけて、企業が作った音声ブームはありました。しかし、現状を分析するとまったく期待外れに終わったといってもいいすぎではないでしょう。

確かに、ワイヤレスイヤホンの登場で意識的に音を聴く機会はかつてより増えました。

「耳は空いている」ブームは、こうした環境の変化で生き残るため、これまでのビジネスモデル（エコシステム）の枠組みにはめて、エコシステムが拡大すると説明したかったものだと思われます。

実は音声関連の業界の人たちが、デジタル音声市場が拡大するということの根拠にしている資料があります。

それが、デジタルインファクトが発表した「デジタル音声広告市場規模推計・予測

２０１９年―２０２５年」（２０２０年3月）[6]です。

これは、デジタル音声広告関連事業者、ラジオ放送局、広告代理店に聴き取りした調査（２０２０年の2月―3月間）です。２０１９年に7億円規模だったデジタルの音声広告市場は２０２５年には４２０億円に達すると予測したものです。

5年で60倍に膨れ上がる予測は大きなインパクトがありますが、きちんと考えてみると、この3年間音声市場は規模の進展がないのに等しいのです。あと数年で伸びるとは考えられません。しかし、２０１９年の熱狂を材料に、成長論は依然として語られつづけています。

数字が一人歩きしている面は否めません。**というのも、２０２２年現在、市場の成長性の根拠はほとんどこの調査のみです。**

そもそも４２０億円とは、音声業界全体にとって、どのくらいのサイズでしょうか。電通の調査によるとインターネット全体の広告の市場規模は2兆７０５２億円（２０２１年）[7]です。４２０億円を仮にここに当てはめると全体の１・６％に相当します。これを大きいとみるか小さいとみるかは判断が分かれますが、メディアの成長性を測る数値としては、１％ちょっとだということは、魅力があるとはいいがたいでしょう。その上この数字は2021年の数値です。ここからネット市場全体がもっと成長すると考えると、2025年時点ではデジタル音声市場の全体に占める比率はさらに縮小している可能性があります。

ちなみに、同じく電通調査によりますと、ラジオ業界の広告費は1106億円（2021年）[8]です。斜陽化が叫ばれている業界ですが、それでも近年は1000億円規模を維持しています。

この1000億円の中にはデジタル広告も含まれています。19―20年では、ネット広告はおよそ10億円規模です。これは先のデジタルインファクトの19―20年の市場規模（7―16億円）と合致します。デジタルインファクトの調査は根拠が示されておらず、関係者への聴き取りがどのような前提で実施されたか詳細はわからないのですが、数値予測が意図せずして、ラジオ業界のデジタル広告を表している可能性は否定できません。

そう考えると、420億円もそれほどの驚きではありません。つまり、現在のラジオ広告の1000億円の約半分が、ネットでラジオを聴く聴取者に向けた広告に流れるというだけの話です。こういった予測と考えれば違和感はありません。しかし、将来的にラジオの広告費の半分がネットにくら替えする可能性はあっても、２０２５年までといった短期間に半分がシフトする可能性はまずありえないとは思います。

いずれにせよ、この４２０億円の広告規模とは、結局今のラジオ聴取者群だけです。既存のラジオ聴取者を前提に広告規模を換算しているというだけの話です。このデータは、新しい形態の聴取者やサービスを想定した市場ではない可能性が極めて高い試算になります。

つまり、ラジオがネットに移行しただけなのでトータルは変わりません。好意的に解釈しても現状維持なので、市場がどのように拡大するのか、怪しいところです。結局、この唯一ともいえる音声市場の明るい未来の予測から新しいメディアが成長する根拠は見いだせません。

デジタル音声広告市場の唯一の推計データ

デジタル音声広告市場規模統計・
予測2019年ー2025年

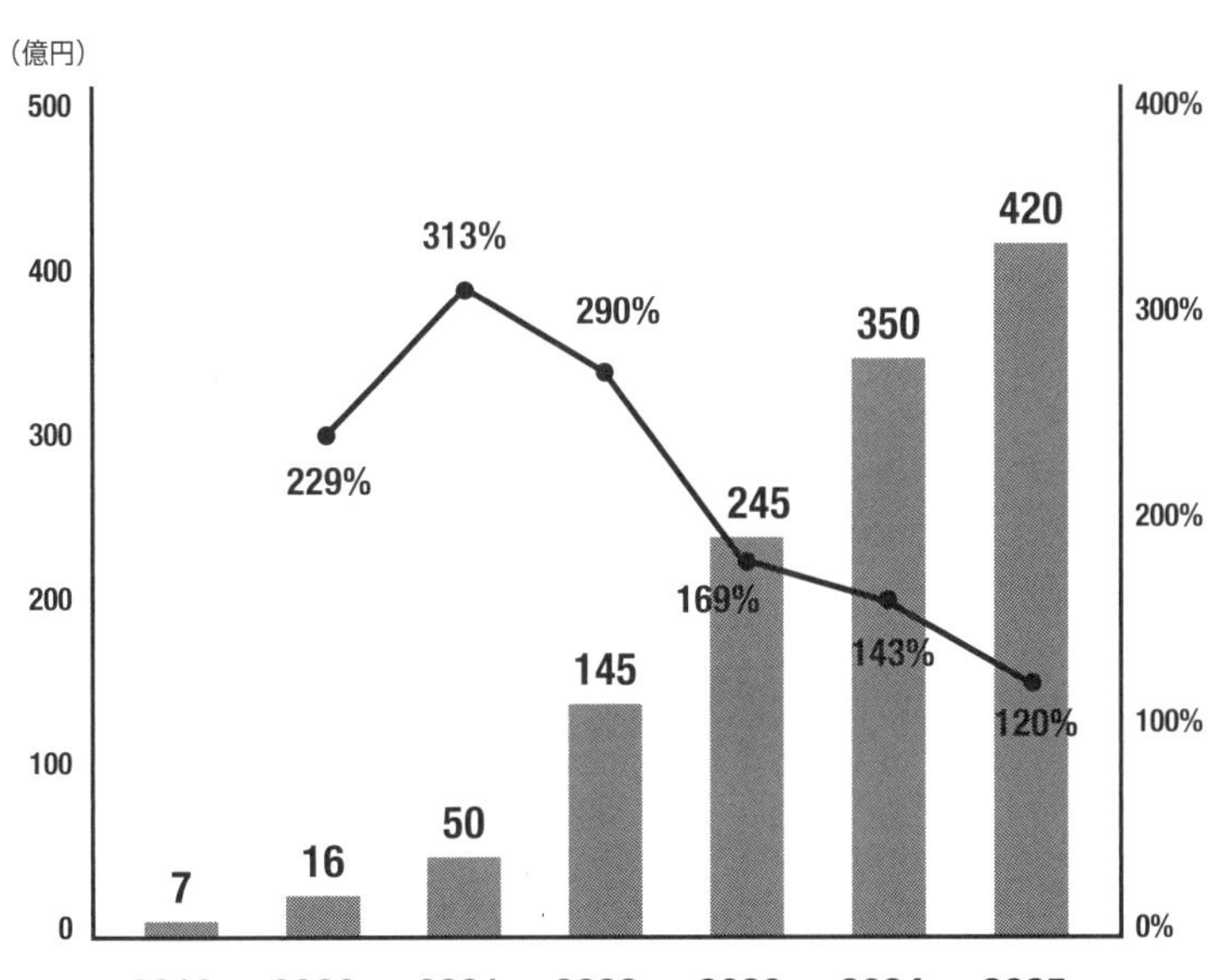

出所：デジタルインファクト調べ
https://release.nikkei.co.jp/attach_file/0531860_01.pdf

米国でもさして音声の市場は大きくない

こうした見方に対して「でも米国はものすごく音声広告が伸びているから、日本もいずれきますよ」のような反論もあります。ただ、本当に米国はそれほど伸びているのでしょうか。実際に見ていきましょう。

デジタル音声広告の計上があるレポートとしては、ＩＡＢのレポートが見やすいでしょう。媒体収益ベースとなりますが、市場規模の把握には問題ありません。これによると、ネットでの音声広告は２０２１年に57・９％の成長を遂げて49億ドルに達しています。[9] １ドル１２０円換算だとすると５８８０億円ですから、日本に比べるとかなり大きな規模に映ります。ただ、日本と米国では人口が違います。パーセントで見てみましょう。

同レポートによると、デジタル広告全体の媒体市場規模は、前年比プラス35％の成長率で１８９０億ドルです。さきほどの30億ドルを当てはめると全体に占める割合は２・６％ほどです。コロナ禍の影響は、デジタル広告に有利に働き、さらにリモートワークが音声に有利に働きました。そうしたことが57・9%の成長を促したと考えられますが、こうした特殊な事情は一過性のものです。今回の2・6%という割合は、ある意味で市場における上限であると考えるべきでしょう。

「米国はラジオがいまだに人気を保っている」、「音声広告がガンガン流れている」、「日本よりもPodcastが聴かれている」といったところで、そもそもの母数が大きいだけだったのです。

これらを踏まえると、日本のデジタル音声広告だけが拡大し広告市場全体の10%や20%を占める未来は常識的には考えられません。

米国のデジタル音声広告市場が示しているのは成長よりも打ち止めです。もし、日本のネット広告の全体の市場が大きくなれば、それに伴って大きくなるかもしれませんが、パイが急速に大きくならない限り急速に大きくなる未来は見えません。ネットの音声だけの広告はもう頭打ちの様相を呈してます。

聴覚メディアが生き残るためのふたつの道

私たちはここまででインターネットの出現により、複合メディアが一般的になった現実を見てきました。複合メディアとは、ヒカキンのコンテンツのように、視覚と聴覚が補完し合った、新しいコンテンツのことです。

そして、これまでの聴覚メディアが近年、単独で再注目を集めていますが、その現実を考察してきました。**そこには、技術の革新による環境の変化を既存のエコサイクルを用いて誤読した企業の姿がありました。**もしかすると、意図的に誤読しているのかもしれませんが、新しい技術を従来のメディアの延長線上に位置づけただけです。ですので、どのような未来になるのかは彼ら自身も見えていないはずです。聴覚メディア単体で市民権を再び得るのは難しいのが現実でしょう。

はっきりと言えるのは、音声のメディアは従来のビジネスモデルでは頭打ちだという点です。では、どうしたらいいのでしょうか。

ラジオを始めとして、これまでの聴覚メディアができることは大きく2点です。

ひとつ目は、複合メディアに対しての、音の専門家としての役割です。既に複合メディア化しつつあるインターネットコンテンツが抱えている大きな問題があります。それは音声設計のメソッドがわからないという点です。

ネットコンテンツのデザインの世界は視覚偏重で進化してきました。視覚表現については二ーズに合わせたさまざまなメソッドが存在しますが、音声については手法が非常に限られています。というのも、これまでお伝えしてきた通り、音声はあくまでも視覚に不随するチャンネルとして考えられてきたからです。

ところが、複合メディアでは利用者からのオンデマンド、インタラクティブ、ザッピングなどの要望に感覚を通じて役立つようにならなければいけません。つまり、視覚ではフォローできない感覚に反応できる音のデザインを欲しているのですが、それがなくて困っている状態です。

ある大手のネット広告代理店では、すでに専門部局として「音進化局」という名称の部局まで立ち上げています。これからのウェブコンテンツには、「音」が重要な役割を果たすことが身にしみてわかっているからです。この部局は動画広告のために音をどう設計するかを専門にした部署です。「音進化」という部署名にこれまでと異なる音を必要とする事情が表れています。こうした課題にこそ、音の専門知見を持つラジオ局をはじめとした音声メディアは役割を果たせるはずです。

ふたつ目の生き残り策は、新たな複合メディアを自ら開発する道です。これは前章でお話ししたような聴覚を中心にするメディアの最前線に現れたVTuberなどがそのひとつの例です。

重要なので繰り返しますが、既存のPodcastのように音声コンテンツをネット規格に変更するだけでは意味がありません。旧来のこれまでの音声メディア体験の長所を生かしながら、複合メディアに作り上げていく姿勢が重要になっていきます。

複合メディアにとって、「音」がとても大切なことがわかってきたのではないでしょうか。第3章では具体的にビジネスの現場などで、どのように音が使われているか、人間は音にどういう反応をするものかなどについて詳しく見ていきましょう。

第3章

「感覚」は想像以上に私たちを動かしている

3/1

無意識レベルで人に影響を及ぼすのが音

私たちの生活にある音は、意外に意識されていない

インターネット時代の新しいコンテンツが「複合メディア」だと言いました。これに、音の果たす役割は重要です。しかし、これまでが「視覚」偏重時代だったことにより、音についての情報はかなり少ないです。

本章では私たちの身の回りの音について改めて考えてみましょう。 まず、これまでのマーケティングにおける音の役割について体系的に見ていきます。そして、現在、音の重要性に気づいて成功しているコンテンツが、どのように恣意的にデザインされているかの事例を解説していきます。

朝、タイマーにしておいたラジオから流れる広告のジングルで目を覚ます。出勤の準備をしながらテレビをつけ、朝のニュースや天気予報を聴く。今日は朝から重要なプレゼンがあるので早めに出勤しなくては。駅まで早足で歩いていると、工事現場の音が響き渡る。そういえばいつもの道は工事中だった。と、道路を渡ろうとすると、車にクラクションを鳴らされた。あぶない、あぶない。結局、駅まで走り、電車の発車メロディーを聴きながら、電車に駆け込む。どうやら間に合いそうだ。
オフィスの自席に座り、パソコンを立ち上げるとＭａｃの起動音が聞こえてくる。プレゼン準備をしていると、フロアに鳴り響く電話に集中力を削がれる。やれやれ。無事プレゼンも終わり、ほっと一息。昼食がてら休憩しようと入った、行きつけのファストフード店では新商品を連呼するＢＧＭが流れている。今度食べてみようかな。オフィスに戻る際に立ち寄った家電量販店では販売員が最新の iPhone の機能を説明してくれた。ボーナスが出たら買っちゃいそう。

上記はある社会人を想定した、起きてから午後までの光景ですが、私たちはテレビやラジオ、スマホ以外からも驚くべき情報量の音に接しています。

こうした音の体験は私たちのさまざまな判断基準になっています。音は私たちに方向を指示したり、気づかせたり、行動を促したり、注意を方向づけたりしています。

これらの多くは意図されていない環境音だけではありません。わざと聴かせるために設計された音もあります。もちろんその中には、意図通りの目的をうまく果たすデザインと、残念ながら目的を達成していないデザインの音が存在します。

エレベーターの行き先は音で無意識に指示されている

音は、「方向の指示」、「気づきのタイミング」、「行動の促し」、「注意の方向づけ」に使われています。それぞれ、目的を果たしているデザインを見てみましょう。

音で方向を指示している例に、エレベーターの到着音があります。

大きなビルだと、エレベーターが何台も並んでいますね。上に行く人もいれば下に行く人もいます。最近の、性能の良いエレベーターは上り下りで到着音が違います。わざわざ行き先を見て確認せず、音で気づかせるために、上りと下りで到着音を変えています。

もちろん、たまにしか使わないと区別がつかないでしょうが、そのビルで働いている人などは「これは下りの音だな」と無意識に学習します。音の方向指示がうまく機能している例といえるでしょう。

「気づかせる」ためには視覚以外を使ったものが多い

次に、気づきのタイミングの例です。これは何かを気づかせるために音を鳴らします。最近のわかりやすい例は電気自動車（ＥＶ）の徐行音です。

ＥＶはエンジンが搭載されていないため走行時に音がほとんどしません。そのため、歩行者は車両の接近に気づきにくく、事故につながる恐れがあります。歩行者に車両の接近を気づかせるために、車体に取りつけられたスピーカーから擬似的な徐行音を鳴らしています。

音ではありませんが、同じような例に都市ガスのにおいがあります。都市ガスは本来無臭です。気体なので目に見えず、においもしないし、漏れても気づきません。ガス漏れに気づくためににおいをあえてつけています。

「気づきのタイミング」は、視覚ではない感覚をよく使っています。**注意を払っていなくても割り込める特性があるからです。**

視覚は人の注意をあらかじめ獲得していないと気づきにくいですが、視覚以外の感覚は割り込み可能です。気づきを与えるのに、非常に有効に働きます。

行動の促しは最も一般的な音の使われ方です。

例えばファストフードのレジの店員さんのしゃべり方は通常の会話よりもテンポが速いのはよく知られています。店内のBGMもアップテンポです。

これは単価が高くないために、お客さんの出入りの回転を速めるひとつの手法です。ゆっくりしたしゃべり、ゆったりした曲調のクラシックなどは意識的に避けています。

スーパー業界で「呼び込み君」が大ヒットしているのはなぜか

音による注意の方向づけもあります。

音は私たちを意図しない何かに対して注意を向けさせます。「呼び込み君」が最近の面白い例として挙げられます。

「呼び込み君」は見た目はスピーカーに簡単に頭と手が生えたような不思議な置物なのですが、音声を録音して、それを繰り返し再生できるスピーカーです。スーパーマーケットの売り場などで「ポポポポポー」という電子音を聴いたことがある人もいるかもしれません。

「ポポポポポー」という謎の音楽に注目が集まりがちですが、マーケティングの穴を見事に突いています。「呼び込み君」はモノラルで音をつくっているからです。

これまでお話した通り、ステレオ音とモノラル音では人は受けとめる感覚が異なります。**モノラルは、聴き手が音の出所を突き止められますが、ステレオではできません。**

そしてこれを、スーパーの店内で、どこから流れているか方向がわざとわからないようにステレオで流しています。特定のスピーカーから大きな音がすると嫌悪感をお客さんに抱かせるので、全体的に均等に音が流れるようにしています。

このような音環境で、モノラルの音で「こちらこちら、今日の特売はこちら」と「呼び込み君」から声が流れてきたらどうでしょうか。おそらく、多くの人がその方向を強く意識するはずです。スーパーの常識を覆す音の効果で、結果的に注意の方向づけに成功しています。

以上のように、私たちはデザインされた音声情報に一日の間に何時間もさらされています。私たち自身が意図する、意図しないにかかわらず、音から影響を受けて思考したり、行動したり、判断してしまう環境が既につくられています。

呼び込み君

群馬電機が開発し、
大ヒット商品となった。

https://www.gunmadenki.co.jp/products/products-original/pop/　より

失敗している例「音声ナビダイヤル」

一方、音情報を使いながら、目的をうまく果たせていないデザインの事例もあります。

わかりやすい例が、問い合わせサービスなどでよく使われている電話での音声ナビダイヤルです。電話をかけると自動音声で、番号とサービス内容が流れ、自分が希望するサービスの番号を選択して、ガイダンスに従って進むしくみです。みなさんの中にも、何度もボタンを押して、結局、自分の希望するサービスが何番かわからずに最初に戻る苦い経験をした人が少なくないはずです。

あれが使いにくいのは、視覚的なフォーマットを聴覚のフォーマットに互換したからです。目で見て、いくつも並んでいるサービスから選んで、サービスの番号を押すしくみならば負担は少ないはずです。

ところが、耳で聴いて判断する場合では、順番に説明を聴いて覚えていなくてはいけません。ひとつやふたつならまだしも、5つや6つになると、覚えられないので何度も聴かなくてはいけない事態に陥ります。こうした問題は、人間が一時的に物を記憶しておく能力（ワーキングメモリー）を無視した設計になっているからです。

　ワーキングメモリーの使用は人間にとって負担です。しかし、ナビダイヤルはワーキングメモリーを使う前提です。ですから、みなさんナビダイヤルに電話するのは面倒くさいし、実際電話するとイライラするものです。人間の特性から考えると、実はまったく合理的でないしくみといえるでしょう。


　余談になりますが、もちろん現在のナビダイヤルの欠陥に気づいている人たちもいます。テクノロジーの力で解決しようと、会話型のナビゲーションの開発を進めています。利用者に番号を選んでもらう手順を踏まずに、一方的に話してもらうしくみです。話した内容に含まれている単語から、用件が何か、どこにつなげばいいかを人工知能（ＡＩ）が類推して、適切な担当につなぎます。

　このように、従来の音声ナビダイヤルのナビゲーションを生かしたまま、私たちが番号を選択するプロセスを不要にする技術の実用化を目指しています。


　音声をうまく活用できないもうひとつの例が、施設などにおける警報の類です。

　これはセキュリティー会社の方が私たちに相談にきた例ですが、彼らは火事が発生した際に「落ち着いてください。屋外に出てください」のような警報を録音した音声で流してもあまり機能しない悩みを抱えていました。

これは、多くの人は警報が流れても、「誤作動だろう」、「多分大丈夫だろう」と正常性バイアス（自分にとって都合の悪い情報を無視したり過小評価したりするという認知の特性）が働いてしまうからです。

「警報が流れたらさすがに逃げるのでは」と思われるでしょうが、いざ現場にいると逃げないものです。

実は、私自身がそのような現場に遭遇した経験があります。博物館にいるときに警報が鳴って、録音された音声が流れたのですが、周りの人も含めて避難する人はほとんどいませんでした。しばらくすると、録音された音声が突然途切れて、警備室から「今、警報がなっています。確認中ですが、念のため全員外に出てください」と人の声でアナウンスがありました。その瞬間にあれほど動かなかった人たちが一斉に動き出しました。人の声による割り込みが正常性バイアスを解いたのです。

車でラジオを聴くのは「ながら」ができるからではない

「ながら」を前提とした音のデザインも音声の効果を低下させます。

例えば、ラジオは「ながら聴きできるメディア」を売りにしてきましたが、ながら聴きをしている時にその内容が果たして残っているでしょうか。

ラジオを聴きながら勉強していてラジオの内容がしっかり記憶されているようでしたら、勉強がまったく進んでいない可能性が高いはずです。**人間の注意力は限られているので、同時並行は成立しません。**

反論として「アメリカではラジオが運転中によく聴かれている」という話があります。実際に車では聴かれていますが、これは車社会であり、車は閉鎖空間で他にできることがないのが大きな理由です。流しているだけで、内容をしっかり覚えているかは別問題です。

実際、ネット系のラジオなどの視聴データでは、車ではなくて家の中で聴いてる時間のほうが長い傾向にあります。アンケートに答えるようなコア層は、家でラジオを楽しんでいるのです。

特に欧米ではニュース以外にも、文学など集中して聴くのを前提にした音のコンテンツがたくさんあります。これらは明らかに車を運転しているときに聴くようなつくりではありません。

成功しているコンテンツは「人間の知覚」を必ず生かしている

こうして成功例と失敗例を並べてみると、「人の音声認知をうまく活用できているかどうか」の差だとわかります。偶発的ではありません。**成功している事例は人間の知覚や感覚を生かしています。**ですから、私たちは人間の特性を深く知る必要があります。

例えば、視覚は選択には向いていますが、意欲を喚起させることには向いていません。

聴覚は選択には向いていませんが無意識の喚起が可能なのは見てきた通りです。音声ナビダイヤルにイライラするのは、聴覚が選択に向いていないからです。選択させたい場合は視覚を使い、興味喚起、意欲喚起には音声を使うのが正解です。これについては詳しく後述します。

音声には、視覚とは異なる作用があります。広告主も、注意を引きつけたり、気分に影響を与えたり、ブランド名や重要な情報を覚えてもらうために、音に大きな関心を寄せているのは間違いありません。

ただ、音声に大きな期待が寄せられながらも、必ずしも市場的には成功しているわけではありません。音声認知の理解がまだまだ不足しているので、生かし切れていないのが現状です。

しかし、音がさまざまな消費体験に大きな効果があるという最新の研究がけっこうあります。ここからは代表的な音に関する研究を紹介します。これらの研究からは、音が現場で大きく分けて3つの方向で活用できる可能性があるとわかるでしょう。

ここからさきは、ハーバードビジネスレビューが「感覚マーケティングの分野における第一人者」として認める、ミシガン大学の行動科学者 Aradhna Krishna の著書『Sensory Marketing: Research on the Sensuality of Products』を紐解きながら、日本人にも馴染みのある事例を交えて解説します。

ひとつ目は「音の象徴性と言語性」です。

難しく聞こえるかもしれませんが、言葉や言語、音が消費者にどのような影響を与えるのかに焦点を当てています。マーケティングで、聴覚的コミュニケーションがどうとられるのかを説明します。

ふたつ目は「マーケティングと消費での音楽」です。ここで、主にＢＧＭが消費にどんな効果を与えるのかについて知りましょう。

３つ目が、「聴覚刺激が他の感覚にどのように作用するか」についてです。インターネットで物を買うようになった今、聴いた音が購入する商品の食感や新鮮さを感じさせる役割を果たすかもしれません。聴覚を刺激することで、視覚をはじめとする他の感覚はどう連動するのでしょうか。

ガギグゲゴを使うと、人は怪獣を連想しやすい

それではひとつ目の「音の象徴性と言語性」からみていきましょう。「言葉」はどのように作用するのでしょうか。

ここでまず述べたいのは、単語に含まれる「音声」が、その単語の意味の理解に大きく影響している現実です。

ひとつの言語で言葉の意味の区別を表すのに用いられる単位を「音素」といいます。簡単にいうと、字のごとく音の要素です。

音素は単語の意味を理解するのに貢献しています。音の要素にどのようなものが含まれているかによって与える印象が決まってきます。

例えば、「ガメラ」、「ピグモン」などガギグゲゴを使うと怪獣を連想しやすくなります。[10] ガギグゲゴに限らず濁音には膨張・放出・振動という若い男性や子供が好む響きがあり、『ジャンプ』など漫画誌の名にも生かされてきました。

このように、単語の音が特定の連想に影響を与える可能性を学術の世界では「音の

象徴性（サウンドシンボリズム）」と呼び、特に海外では研究が盛んです。例えば、/i/ の母音は「軽い」、「薄い」、「柔らかい」などの概念と結びつくといわれています。一方、/a/ や /o/ の母音は、「大きなもの」と関連します。

このような音の象徴性を用いれば、ブランド名を工夫してプラスのイメージを与えられます。架空のアイスクリームのブランド名で実験した結果があります。/ä/ を使用した「Frosh」（フロッシュ）という製品は /i/ を使用した「Frish」（フリッシュ）という製品よりも、滑らかでクリーミーだと評価されました[11]。

音を聴くと、人間は自動的にそれっぽいものを連想する

また、ブランド名の音素から感じる印象が、対象の製品に対する期待と一致する場合、消費者にプラスの感情をもたらすこともわかっています。

わかりやすい例が、アメリカに本社のある世界最大の物流会社、FedEx Corporation(フェデックス・コーポレーション)です。FedExはFederal Express(フェデラルエクスプレス)の略です。

ブランド名の中のExという略語が物流会社のサービスに対してスピードを連想させて、ポジティブな意味合いを与えています。

日本企業だと自動車メーカーのマツダのzoom-zoomが挙げられます。多くの人が、おそらくCMで一度は耳にしたことはあるはずです。

子供は車を「ブーブー」と呼びますが、その英訳がzoom-zoomです。海外の人はもちろん、由来を知らない日本人も語感として楽しいドライビングイメージを想起しやすく、キャッチコピーとしてうまく機能した例ですね。

最も身近でわかりやすい例はアイスの「ガリガリ君」かもしれません。これは紹介

するのをためらうくらいそのままです。ガリガリの音から商品のアイスをそのまま連想できます。

音によって引き起こされるこのような知覚は自動的です。消費者の意識や努力と関係なく起きます。音を聴いた人が勝手に受け取り、製品のメッセージや特徴を思い出します。しかし、これらは国が代われば、多少受け取り手の印象が変わってくるようです。

どこの国の人でもKODAKとROLEXは同じ音を思い浮かべる

言語によって音素から受けるイメージが多少変わるので、世界のどの国のお客さんの印象も変わらないように、言語をまたいでも同じ発音になるブランド名を考案する例も少なくありません。

有名な例は商業印刷大手のKODAK（コダック）です。KODAKは英語、ドイツ語、フランス語、イタリア語で同じ発音になるように意識してつけられた社名です。社名そのものに意味はありません。これは同社が自ら公言しています。

余談ですが、ポケットモンスターにアヒルの「コダック」というキャラクターがいますが英語名はサイダックです。これは万国で呼び名が共通のKODAKとの商標での重複を避けたといわれています。というのも、ポケモンで「コダック」の進化形の「ゴルダック」は「ゴルダック」のままだからです。

KODAKと同じような例が時計のROLEX（ロレックス）です。ROLEXもどの国でも同じ発音になる言葉としてブランド名が選ばれたとする説があります。ROLEX自体はこれに対してコメントしてないので、どこまで意図的か真意はわかりませんが。

対照的に、アルファベットの発音が国によって異なってしまう例も少なくありません。例えば、日本企業ではカメラメーカーのNikon（ニコン）です。海外ではそのまま読むとナイコンになります。

欧州企業の例ではIKEA（イケア）ですね。本社のあるスウェーデンではイケーアで、日本の発音とほぼ同じですが、英語圏ではアイキーアになってしまいます。

どちらも平易な表記なので、これまであまり問題になりませんでしたが、今、その考えも転機を迎えています。YouTubeはすでに世界的なメディアですので、見ているときに国によって発音が異なれば、どの企業について言及しているかよくわからない事態になります。

音声を含むメディアの発達が国をまたいで大きくなっている今日では、社名やブランド名が事業拡大の足かせになる懸念があります。

ハーゲンダッツはヨーロッパっぽいけど米国の会社

ブランド名を私たちが記憶するかどうかは、ブランド名の単語の親しみやすさや、その単語から何を連想するかに影響されます。

この事例としてよく挙げられるのは、アイスのハーゲンダッツです。ハーゲンダッツは米国の企業ですが、言葉の響きには欧州っぽさがあります。それこそがこの社名の狙いで、酪農国のデンマークの首都であるコペンハーゲンの「ハーゲン」に語感がマッチする「ダッツ」を組み合わせています。**意味は特になく、消費者に欧州風という先入観を持たせるための造語です。**

日本で身近な例は入浴剤のバスクリーンですね。これは「バス＝（お風呂）」と「クリーン＝（キレイにする）」を組み合わせた造語で、お風呂で体をきれいにする意味です。

バスクリーンは元々は漢方最大手のツムラのブランドで、子会社のツムラライフサイエンス（２００８年に投資ファンドに売却）が販売していましたが、２０１０年にツムラライフサイエンスはバスクリンに社名変更しました。ブランド名があまりにも浸透しすぎて、社名になってしまった例でもあります。

ストレートに私たちに響く例としては、クリーム白玉あんみつが見逃せません。ブランド名ではありませんが、内容がそのまま名称になっている例です。名前を聴けば何かがわかります。

そもそも和菓子は、従来、中身と関係ない個性的な名称がついている例が少なくありませんでした。

例えば、「虎屋の羊羹」です。みなさん、虎屋の羊羹は知っていると思いますが、あれは商品名ではありません。最もベーシックな商品は「夜の梅」です。それを知っていないと、とらやに「虎屋の羊羹」を買いに行ってもお目当てのものがなにかよくわかりません。「わかりやすい名前をつけて欲しいな」と思うでしょうが、昔はこういうネーミングが和菓子の世界では一般的でした。それが大きく変わったひとつの契機としてクリーム白玉あんみつのわかりやすい命名の例が挙げられます。

雪肌精は中国で売れ、ロレアルはイギリスで売れるのはなぜか

ここまで、ネーミングについて考える上で欠かせないのは、視覚と聴覚に関する文化的な違いです。これは、グローバルという視点では、たいへん重要です。

実は、国ごとの文化的背景によって視覚優位、聴覚優位かが分かれます。**どういうことかというと、アルファベット文化は音的で、漢字文化は視覚的です。**これは文字体系の違いによります。

中国は漢字という文字体系を持っているため、消費者は視覚で見せられたほうの名前の記憶が残りやすい傾向にあります。一方、英語圏の消費者は、ブランドイメージと結びついた音のほうが、より良い理解と記憶の定着をもたらすといわれています。中国の消費者は書体などの視覚的要素に、英国の消費者はアナウンサーの声などの聴覚的な手がかりに高い反応を示したとの研究成果もあります[12]。この視覚と聴覚に関する文化的な違いについてはいくつも研究事例があります。

例えば日本のわかりやすい例だとスキンケアブランドの「雪肌精（せっきせい）」

があります。「せっきせい」と音で聴いてもよくわからなくても、店頭で字で書かれているのと雪のようなみずみずしさがイメージできるはずです。

対照的に音がブランドイメージと結びつくのが、フランスの化粧品メーカのL'ORÉAL（ロレアル）です。この社名は創業者がカラーリング剤につけた名前「オレアル（Aureole）」に由来します。「オレアル」は「後光」の意味があります。西洋の人間に、音から後光を、そしてつややかな髪をイメージさせるのに成功しています。

このように音主体でイメージさせる文化と、視覚主体でイメージさせる文化があります。こうした違いは私たちの生活様式にも影響を及ぼしています。

欧米では音的なメディアが好意的に受け入れられますが、日本やアジア圏は視覚メディアが中心です。米国でラジオが根強い人気を誇り、日本で欧米ほどオーディオブックが普及しない原因もここらにあるかもしれません。

BGMが人の気分だけでなく行動を変える

ここからは、音の研究の大きなトピックスのふたつ目です。「マーケティングと消費」に、音楽はどんな役割を果たすのかについて、改めて見ていきましょう。

音楽は、特定のブランドのブランドイメージを呼び起こしたり、あるいは好ましい印象を与えたりする道具として、ブランドマーケティングで重要な役割を果たしてきました。

実際、音楽と消費者の気分の関連性は１９８０年代から研究され、大きく４つの影響が示されています。

①　メッセージの理解
②　感情への作用
③　ブランドを思い起こさせる力
④　行動への影響

まず、①の「メッセージの理解」から見ていきましょう。

音楽が消費者のブランドの理解を後押しできる場合とは、メッセージの内容と音楽がよくマッチする場合か、音楽が消費者によって好ましい場合です。もし広告なら、同じく広告音楽に込められた意味が広告のメッセージと一致している場合、音楽はメッセージの理解に役立ちます。

例えばブランドが若々しさを伝えようとしているときに、若々しさにマッチした音が流れれば、そのブランドの内容やイメージを消費者はよく理解できます。

ブランド名を繰り返し言う行為も適切に音楽を用いると理解が深まります。しかし、何度も繰り返す行為は、多くの場合は冗長と受けとめられかねません。**ただ、ひとつだけ、効果的な音をつけたときにブランドコールの繰り返しは肯定的に受け取められます。**[13]

いずれも、みなさんにとっては当たり前に思えるかもしれませんが、それは私たちがこれらの手法にさらされ続けてきた裏返しでもあります。

実際、この手法はテレビが「メディアの王様」だった時代には、みんながＣＭを見ていたため大変有効でした。

第２章で参照した牛乳石鹸や湖池屋のＣＭが典型的です。

「牛乳石鹸、よい石鹸」、「ポリンキー、ポリンキー、三角形の秘密はね〜」と繰り返すことで、商品名として認知されます。前にお話ししましたように多くの人が「牛乳石鹸」と思い込んでいますが、正確な商品名はカウブランド赤箱です。間違って認知するほど効果があるわけです。

もちろん、テレビ離れにともないCMでのこのような繰り返しの効果はかつてほどのインパクトはありません。そして現在では、CMに変わりネット広告が増えていますが、テレビCMをそのまま移植することはもう効果がなく、つくりそのものが変わってきています。かつてはCMの最後に印象的な映像やセリフ、メッセージがある場合が大半でしたが、冒頭で主張する形に変わらざるをえませんでした。以前お話ししたように、ネット広告は最後まで見てもらえず、スキップされるのが前提だからです。

そして、ネットでは音楽を付ければ、効果が見込めるのかというと一概にはそうといえません。テレビCMが効いていたときに比べ、すでにもう世界は情報でいっぱいです。音楽という情報が増える以上、消費者は新たな情報を理解するためにより多くの処理能力が必要になるからです。

その証拠に、音楽の歌詞として広告メッセージを埋め込んだものは、音楽をBGM

として使用した広告や音楽がない広告と比較して、消費者の情報処理がより困難であるということが明らかになっています。[14] 広告の歌詞の中にメッセージを埋め込ませると、消費者は読み込まなくてはいけないので、理解するのが難しくなります。

音にメッセージを乗せるとスッと頭に入る印象がありますが、人間の情報処理は情報量が増えると確実に負担が生じます。「ながら」ができそうでできないのと同じで、我々の日常的な感覚と情報処理能力にはズレがあります。

音が大きく、テンポが良い音楽は、自然とポジティブな感情を引き出す

次は、②の「感情への作用」を見ていきましょう。

音楽を構成する要素には、テンポ、リズム、その他のパーカッシブな要素、キー、音の新しさなどさまざまあります。そして、自分の感情とは無関係に快楽を伴った感情を私たちに呼び起こします。

これらは専門用語で「音楽の具現化された意味」と呼ばれています。特定のテンポやリズムが、感情を自動的に引き起こす事象を指します。

「音楽の具現化された意味」については、いくつもの研究事例があります。

例えば、テンポの速いエネルギッシュな音は、落ち着いた音よりもポジティブな感情を引き出します。また、長調や高い音程で演奏された音楽は、より好ましい感情を刺激します。音量やテンポを大きくするような音の動きは、より楽観的な感情を引き起こします。つまり、音が大きく、テンポが良いほうがポジティブな感情を促します。

ポジティブな感情を抱かせない音の使い方もあります。

低い周波数の音楽に接触した消費者は、高い周波数の音楽に接触した消費者に比べて対象製品を心理的に遠く感じます。

ですから、ラグジュアリー・ブランドは低い周波数のBGMを意識的に用いれば、「あこがれ」のイメージを効果的に伝えやすくなります。一方、いわゆる日用消費財のブランドであれば、高い周波数の音楽を使用することで、自社ブランドに親近感をもってもらいやすくなります。

童謡を聴くと、幼少期を思い起こすのにはわけがある

次は③の「ブランドを思い起こさせる力」です。

これまで見てきたのは、音が自動的に人の反応を引き起こす現象でした。今回は逆に、過去に聴いた音楽が何かしらの文脈（コンテキスト）を引用させる事象です。これは、言語学用語で「参照的意味」と呼びます。

例えば、童謡の曲を聴くと、子ども時代に関連した何かを思い浮かべる人が多いはずです。人々の過去の経験に紐づいた音が「おっ、懐かしい」という印象を与えるからです。

幼いときに聴いた音だけではありません。私たちは常に音を学習して、引き出しています。

後天的に学習した例として面白いものを紹介します。

ハーレー・ダビッドソンのオートバイのエンジン音は独特で、バイク好きはハーレーが近くを通ると「あっ、ハーレーだ」と認識できます。同社は自社ブランドを識別するのに非常に重要な財産だと考え、競合他社が音をコピーするのを防ぐために、排気

音の商標登録を試みたほどです（競合他社の反対と、音がそもそも区別できるのかという観点から最終的には断念[15]）。

余談ですが、後天的に学習された印象が、本来の楽曲の意味を変えてしまう例すらあります。1960年代に多く作曲された現代音楽は、ホラー映画のBGMとして多用されました。それまではホラー映画が存在しなかったので、「ホラー映画っぽい」BGMが存在せず、そのまま当時の曲を使ったからです。

その結果、それらの現代音楽が他の場面で使われたとしても、多くの人がホラー映画を思い浮かべる状況が生まれてしまいました。そして、長らく音楽性が評価されない問題が起きました。

記憶を呼び起こすのはしんどい

音から自然に意味を感じる場合（具現的な意味）と、過去の音の学習体験から推論する場合（参照的意味）では後者のほうが人間の情報処理に負荷がかかります。例えばCMで音楽をつけるときは、その広告のメッセージの見せ方でBGMへの反応も変わります。

同じ内容だけれど、BGMに対する消費者の反応が、その広告の見せ方でどう印象が変わるのかを調べた実験があります。

見せ方は、ひとつはドラマ形式、もうひとつを講義形式にしました。広告のメッセージをドラマ形式で打ち出すと、講義形式で提示されたメッセージよりも聴き手の処理負担が高くなります。これはみなさんもわかるでしょう。はっきりとユーザーに内容を訴えかける講義形式に対して、ドラマ形式はユーザーにメッセージを直接発するわけではありません。**ですから、状況を消費者が読み取る負荷がかかります。**

そうなると、ドラマ形式の場合では、BGMを人々は深く読み込まない傾向にあります。

これはドラマ形式だと、広告が発しているメッセージを理解することに、消費者の認知の負荷が取られてしまうため、音楽は後回しになり、表面的に意味がとれるほう（具現化された意味）を識別したのです。

一方、講義形式では広告メッセージの読み取りの負荷は小さいので、消費者はBGMに対しても深いところの意味を参照的に類推してその印象を受け取りました。[16]

この結果から、同じ商品であっても、広告メッセージの伝え方やBGMを変えることで、聴き手に理解してもらいやすくなります。**「認知の負荷を切り下げる」ことができればいいのです。** 私たちが商品に対して、消費者の印象を意図的にデザインできる可能性があるといえるでしょう。

BGMのテンポがゆっくりだと人は買いすぎる

最後に④の「行動への影響」です。これは、最もわかりやすい例でしょう。多くの先行研究もあります。

音楽は小売店や飲食店など消費行動の現場で、行動、意思決定、選択にかなり影響を与えます。

例えば、店内のBGMのテンポによって買い物のペースと総売上が変わることが明らかにされています。[17]

遅い音楽を流すと、店内をゆっくりと移動させて、売上高を増加させることができます。スローテンポの音楽を聴くとレストランでの滞在時間は長くなる傾向にあります。また、音楽は消費者が感じる待ち時間を短くすることはできませんが、その時間をより快適にして、ポジティブな評価を与えられます。[18] これらについては次節で詳しくお話しします。

インターネットでモノを買わせるためには、音はより大切

インターネットで物を買うのが当たり前の今、ウェブ上ではますます、直接体験できない感覚を伝えることが大切です。ここでも、複合メディアと同様、感覚の相互補完が重要になります。特に食べ物など感覚的な体験が重視される商品の場合、感覚的な情報が体験を補う可能性が高いとされています[19]。

例えば、音も味に大きな影響を与えます。 音がどのような感覚を与えるのか調べた実験は少なくありません。これらの研究からは食品を食べたり、注いだりするときに聞こえる音が、その食品の新鮮さや味に対する認識に影響を与えていることが示されています[20]。

ポテトチップスをかんだときにサクサクと大きな音がすると、その商品の食感や新鮮さを感じられます。

同じように、飲み物を容器に注ぐときに大きな泡ができるような音を立てると、消費者はその飲料がより炭酸を含んでいると感じます。「サクサク」、「シュワシュワ」

などの音は、実際に私たちの感覚に影響を与えています。当たり前に思えるでしょうが、**私たちは無意識のうちに感覚の相互作用の中で生きています。**

聴覚と味覚の相互作用は研究がたくさんあります。甘味や酸味は一般に、苦味や塩味に比べて高い周波数帯域とよく合うことも知られています[21]。

ですから、ワインの味にあった音楽を聴きながらワインを飲むと、音楽なしで同じワインを飲むよりもおいしく感じやすくなります。

音情報をひたすら増やせばいいわけではない

ここまで、音が消費者へ大きな影響を与えていることを見てきました。しかしながら、注意しなければ、音の「情報量」をただ増やせばいいというわけではありません。**繰り返しになりますが、私たちが対象に向けられる注意（アテンション）には限界があります。** みなさんも、あれもこれも注意を向けられないはずです。対象が多すぎれば、注意は不適切に拡散します。

研究レベルでも、たくさんコンテンツがあっても、結局ひとつのコンテンツだけが、人々の視覚と聴覚の注意をコントロールしている可能性が示唆されています[22]。また、視覚と言語への刺激が重なった場合は、消費者は注意を振り分けなければならなくなるので、結果的に集中力が拡散してしまいます。例えば映像と、添えられている文字情報が違う場合、注意力は散漫になります。**不用意に情報量を増やすと認知の負荷を上げ、伝えたいことも伝わらなくなります。** ですから、音は重要なマーケティングチャンネルですが、ただ音をつけるのではなく、その取扱いメソッドには適切な手法が必要になります。

3／2 視覚以外が私たちの行動を支配している

「ドーン」や「ズーン」も私たちの行動を左右する

偶然に鳴る音にも、人間の認知に作用する音は当然あります。それどころか、「実際には聞こえていない音」も認知的な作用を持つ場合があります。

例えば、みなさんは黙読するときに頭の中で音を鳴らしていませんか。たぶん、マンガの中の表記の「ビューン」や「ドーン」、「ズーン」を読んでいるときには頭の中で音がしているはずです。

ところが、製品の設計や開発でこうした音が注目される機会は少なく、研究も多くありません。これまで、補助的、間接的な役割を果たす音には、注意があまり向けられてこなかったからです。

だからといって、このような「日常で注意を向けられない音」が企業や消費者にとって価値が低いわけではありません。重要性が気づかれにくかっただけで補助的、間接的な役割を果たす音は、視聴者に強い影響を与えます。日常にあふれている音であるがゆえに私たちはそれに気づかないだけなのです。

ドアの音で高級車かどうかを判断している

また、ほとんどの製品やサービスにおいて、音はそれ自体が消費者の関心事ではありません。**しかし、音は多くの場合、製品が期待された通りの機能を陰ながら支えています。**

例えば、車のドアを閉める音があります。

ドアを閉める音は、その車の品質を示す象徴と考えられます。[23] 閉めた際に、「バンッ」と安っぽい音がするのか「ドンッ」という重い音がするかで、高級車か大衆車かを、なんとなく私たちは判断します。

重量の軽い日本車は、ドアの開閉音も軽く、魅力に欠けるとされてきました。「それならば重くすればいいのでは」と思われるでしょうが、ドアを重くすれば車体も重くなり、走行時の燃費が悪くなります。コストパフォーマンスを訴求したいメーカーには悩ましい問題です。

こうした課題を克服するために、日本メーカーは音の技術を高めて、車重を重くせずに、重厚な開閉音を作り出しています。

似たようなケースにドイツのＢＭＷがあります。ＢＭＷでは電気自動車について高級感のある走行音を実現するために、映画音楽の巨匠で『パイレーツ・オブ・カリビアン』のテーマ曲などで知られるハンス・ジマーに依頼しています。

鳴き声だけでドーベルマンかチワワかがわかる

このように音が補助的な役割を果たせるのは、私たち人間には、音によってその物体の性質を推測する能力が備わっているからです。**音を聴き分けて高級に感じたり、陳腐に感じたりしています。**

動物を考えると簡単です。鳴き声の音量と音程が動物の大きさに相関するのを私たちはわかっています。ドーベルマンのような大型犬は大きくて低い声で吠えて、チワワのような小型犬は高音で柔らかい声で吠えると予想できます。初めて見た動物だとしても、何となくどのように鳴くかがわかるでしょう。

こうした予想を逆に利用するシーンもあります。

私たちの予測をあえて外して、意外性を発揮しているのが、日本の能楽における大鼓と小鼓です。普通、楽器は大きいほうが低い音が出て、小さいほうが高い音が出るのですが、能楽で使われる楽器は大鼓が高い音、小鼓は低い音が出ます。こうなるように革の張り方や湿らせ方で音の高低差を調整しているそうです。私たちの認識とのズレを利用して、見ている人を引きつける効果があります。

このように「音」と「音を出すモノのサイズ」の相関関係は前節でも見たサウンドシンボリズム（音の象徴性）とも関係しています。

サウンドシンボリズムは怪獣には濁音が多いように、単語から特定の連想に影響を与える可能性でしたね。サウンドシンボリズムが可能なのは、音と音を出す物との関係を私たちに推し量る力があるからでもあります。

というのも、私たちは未知の音を聴いたときにも、その音源の形や材質がどうかなどの特徴を認識できます。まったく見たことがない物でも、どんな音かでだいたい把握できます。[24]

「ドン」という衝撃音を聴いたら、そこから形状や材質の特性を識別できます。[25] それが、鉄の塊が地面に落ちた「ドン」なのか、パンの生地をこねている「ドン」なのかわかるはずです。

また、何か物の表面の粗さがどのくらいか判断したいとします。そのとき、私たちは触覚からの判断とその表面をこすったときの聴覚からの判断とをほぼ一致させられます。[26] 物を触ると「ザラザラしてる」、「ツルツルしてる」と認識できますが、触らなくても表面をこする音を聴くだけで素材がサラサラなのかツルツルなのかをイメージできます。つまり、人間は音と物や表面の状態を結びつけて理解する能力を先天的に持っており、後天的な経験によってその能力が補完されているのです。

日本ロレアルのリサーチ＆イノベーションセンターが、「髪の状態を音にする」というユニークなサービスを試験提供しています。人間の、音から状態を知覚する能力を利用したサービスです。

これは、髪の毛の表面の摩擦の微細な変化を高感度センサーで感知して、状態を人工的な音で示すものでした。こうやって、ユーザーの毛髪の状態を把握できる技術を開発しました。ユーザーは、センサーから出る音が滑らかだったら、毛髪が傷んでいないとすぐに理解できますし、滑らかでない音ならば傷んでいると認識できるというしくみです。

私たちが音を聴くだけで物の状態を把握できるわかりやすい例でしょう。

第一印象を裏切ると、評価は逆転する

ここまで、音からどういう物かを私たちは判断しているという話をしてきましたが、私たちはその反対に、物がどう鳴るかを無意識に推測しています。結論からお話ししますと、物を見てどんな音が鳴るかを判断するのは、音からどんな物かを判断するのに比べて、予測の精度が高くありません。

ある銀色の塊があるとします。「叩くと金属音がするのかな」と思っても、実際に触れると、銀色にただ塗られているだけの木で、金属音は鳴らない、ということはあり得ます。

ふたつのジューサーを比べた面白い実験があります。[27]

「薄っぺらい」ジューサー（比較的小さくて、単純な丸みを帯びた形状で、白と透明のプラスチックでできている）と「頑丈な」ジューサー（背が高くて、垂直な形状をしていて、滑らかな曲線の形状で、シルバーメタリックと黒の組み合わせ）の動作中の動画を被験者に見せました。

すると、「薄っぺらい」ジューサーから頑丈なしっかりした音が出ると誰もが驚き

ます。見た目が安っぽいので、「チープな音しかしないだろう」、「あまりたいしたことないだろう」と思っているのですが、実際にはしっかり動くので「なかなかいいね」と納得します。

一方、これもまた驚くのですが「頑丈な」ジューサーから安っぽい音が出ると、こちらは落胆します。「見かけによらず、チープだな」とがっかりします。

つまり、私たちはまず見た目でどんな音が出るかを予想し、その予想がいいほうに裏切られると高い評価をし、悪くなると低い評価になります。**その予想を裏切られた感覚が製品そのものの評価に転化するのです。**第一印象から評価がまったく変わってしまいます。

このような消費者の反応は「丈夫な」掃除機（大きくて角ばっていてシルバーメタリック色）と「かわいい」掃除機（丸くて湾曲した形状で、クリーミーホワイト色）を比較した実験でも同じような結果が得られています。

高周波数の音は魅力的に聞こえる

音を聴いたとき、聴覚以外の別の感覚が連動しているということもよく調べられています。その製品の認知にどう影響を与えているかを調べた実験も数多くあります。前節でも少し触れたポテトチップスの実験があります。[28]

これはポテトチップスをかじりながら、ヘッドホンで音を聴くというものです。音は参加者の咀嚼の様子を録音して、音のレベルを増幅、減衰させたものです。「バリバリ」、「ガリガリ」を幅を持たせてコントロールした音をいくつか聴かせました。

その結果、音の大きさが大きくなると、ポテトチップスの歯ごたえや硬さに対する参加者の感覚が大きくなりました。つまり、「バリバリ」と大きい音がすると、歯ごたえが強くあるように感じたり、硬く感じたりしたのです。

食べているもの自体は一緒で、ポテトチップスそのものは音がしないくらいに柔らかいものを使っているのですが、音だけ聴かされると脳が騙されて、歯ごたえを感じてしまうわけです。

興味深いのは、高周波数の音だけを増幅すると、チップスがより鮮明で新鮮に感じ

られる結果が得られるという点です。反対に、低い周波数の音を増幅しても、歯ごたえや新鮮さには影響があまりないという結果が出ました。例えば、ニンジンをかじるときの「サクッ」、セロリを折るときの「パキッ」のような音の高周波数の音だけを増幅させられると、新鮮な感じがします。

では、本当は新鮮なのに低周波の音をつけたら歯ごたえなく感じるのでしょうか。実は、そうはなりませんでした。

この研究の成果を応用すると、全体の音のレベルと周波数を操作すればいいということがわかります。電動歯ブラシをより快適に感じさせたり、炭酸飲料のソーダをより強く実感させたりすることもできます。「シュワー」という音を聴きながら飲むと、あまり炭酸が強くなくても「シュワー」と感じるようになるのです。

こうした手法は広告の中でよく使われています。音をうまく使うと、他社製品より炭酸が強い印象を消費者に与えられます。

これは第1章でお話しした、機内食の際にBGMを変える「ソニックシーズニング」と似ています。音で「味を振りかける」お話ですね。

コンビニのBGMは綿密に計算されている

このように、音は聴覚以外の感覚も動かしていきます。これを踏まえて背景音や環境音をうまく使えば、場所やサービスの雰囲気を作れます。ここからは、商業の実例を挙げながら見ていきましょう。

マーケティングにおける背景音や環境音の研究は、企業と消費者との接点である小売店などでよく行われてきました。

小売業界では、周囲の音を意図的にコントロールするケースはふつうのことになっています。

わかりやすい例がBGMです。

BGMが消費者の気分、態度、行動にどのような影響を与えるかについては広く研究されてきました。大きく分けて、

① 音楽のテンポ

②　音楽の種類
③　音量

の大きく3つを対象にした考察があります。

まず、店内の音楽のテンポは、買い物のペースに関係するといわれています。これは前節で少しお話ししましたが、ゆっくりしたテンポの音楽を聴いた消費者は、ゆっくりとしたペースで動作する傾向が強くなります。**ゆっくりとしたペースで動けば、もちろんサービスを受ける時間や店内にいる時間は長くなり、結果的に消費者の消費機会を増やして、購入する量は多くなります。**

スーパーマーケットでそれぞれ早いテンポと遅いテンポの音楽を流した実験があります。買い物客はスローテンポの環境でより多くの時間とお金を費やしました。売上が38％増加した結果も出ています[29]。

レストランでの音楽のテンポの考察についても以前お話ししましたが、音楽のテンポが遅い場合と速い場合を比べると､遅い場合には、食事に時間がかかりました。ゆっくり食べる傾向にあるので、テーブルで過ごす時間が増え、より多くの飲み物が飲まれるようになります。飲み物の売上が41％増加した報告もあります[30]。

身近な具体例では、日本では牛丼チェーンやコンビニエンスストアのＢＧＭです。これらは私たちが考えている以上に緻密に設計されています。これらの店の多くはかつては、有線放送を流しっぱなしにしていました。どの消費者に対しても、差し障りない理由でＪＡＺＺチャンネルが多く選ばれていました。

それが現在は、各企業とも適切なマーケティングによりプログラムされたＢＧＭの導入が目立ちます。朝、昼、晩、深夜に区切って、それぞれに1時間程度の放送プログラムを作成しています。

朝は軽快でさわやかな音楽、日中は明るいポップス、夜は落ち着いた洋楽のように変えます。最近では音楽に加えてトークも多く挿入され、広告も流れるようになっています。

さきほど牛丼屋とコンビニエンスストアとひとくくりにしましたが、両者で流れる音楽は明らかに違います。みなさんもぜひ確認して欲しいのですが、牛丼屋のほうがテンポが速いように感じられるはずです。

これは業態の違いにもよります。牛丼屋はお客さんがほぼ同じ客単価です。牛丼を2杯も3杯も食べる人はほとんどいません。ですから、ガツガツ食べてもらって回転を可能な限り上げたい。早く食べてもらって、早く店から出ていってほしいのでBGMのテンポを速めています。

一方コンビニは、長く滞在するほど購入額が上がる可能性が見込めます。コンビニでの平均滞在時間は3、4分だといわれていますが、それをいかに長くするかに力を入れています。

ですから、時間帯に合わせて居心地がよくなるように、テンポを落とした曲をかけ、ひとつの放送プログラムを長くするなど工夫を凝らしています。

ＢＧＭには、意識させずに人間の行動を変える力がある

関連するエピソードに面白いものがあるので、ひとつ紹介します。

私たちのところに、ある大きな物流会社から相談が持ち込まれました。倉庫の保管と配送を請け負う企業でしたが、常に人手が足りないという悩みを抱えていました。そこではなかなか人が定着しません。手っ取り早いのが賃金の引き上げですが、限度があります。働きやすい環境をつくって、定着率を上げられないかという相談でした。

私たちが注目したのは休憩時間の休憩室の音です。

音楽は、時間感覚に対しても影響するという研究があります。物理的な時間は同じでも、ＢＧＭによって長く感じたり早く感じたりするのです。

休憩時間は10分や15分と時間が限られています。例えばアップテンポな曲を流すと、従業員は15分をものすごく短く感じますが、スローテンポの音を聴くと同じ時間でも長く感じる傾向にあります。ＢＧＭによって長く休める印象を与えられます。このよ

うにビジネスの現場でもＢＧＭを戦略的に使える機会は少なくありません。

牛丼屋もコンビニも倉庫も重要なのは、テンポが無意識に影響する点です。人間はゆっくりとしたＢＧＭが流れている店内で、意識的に「ゆっくりしよう」と思って行動しているわけではありません。むしろゆっくりしようと意図すると、ゆっくりできないジレンマに陥りがちなので、無意識に働きかけるところがポイントです。

私たちは流れているＢＧＭを後から思い出せないし、多くの場合、ＢＧＭが流れていた事実にすら気づいていないことが研究でも明らかになっています。[31]

これは経験則としてもわかりやすいでしょう。

今日、昼食で入ったレストランや会社からの帰りに立ち寄った本屋でどのようなＢＧＭが流れていたか覚えているでしょうか？

音が鳴っていても、ほとんど意識していないので、いつ音が鳴り、そして鳴りやんだかも認識していない可能性は高いです。ＢＧＭは意識なされてないからこそ、バックグラウンドミュージックなのです。

電車の発車の合図がベルから音楽に変わった理由

むしろ、私たちは無意識のうちにＢＧＭに精神状態を左右されている可能性が高いと言っても言い過ぎではありません。

ゆっくりとしたテンポには心を落ち着かせる効果があり、対照的に速いテンポは覚醒状態を作り出すこともできます。

スローテンポのＢＧＭには、怒りを抑える傾向もあります。[32] ですから、小売店や飲食店で行列ができてイライラしそうな人があらわれそうなときは、ゆっくりしたクラシックを流すことを試みるべきです。

アップテンポのＢＧＭは、喜びや楽しみと関係なく、覚醒を高めます。[33] 通常は嬉しかったり、楽しかったりすると人は覚醒しますが、アップテンポのＢＧＭはそういう意識とは関係なく、ただ単に覚醒を高めます。

例えば銀行の店舗でアップテンポな音を流すと、銀行員に対する親しみが増し、銀行員と笑顔で挨拶したり、おしゃべりしたり肯定的な行動が増えるのが実験によって確かめられています。

日本の鉄道で乗降時に流れるゆるいメロディーもこの効果を狙っています。一昔前は発車の際の注意喚起にベルが用いられていました。

しかし、高度経済成長期に通勤ラッシュが激化し、駅が過密になる中で、ベルを不快に感じる人が増えました。朝の忙しいときに焦って電車に乗ろうとしていているときに、「ビー」と鳴ると、イラッとしますよね。電車はただでさえ満員ですから不快感は高まるばかりです。この解消策として1980年代にメロディーが導入されました。

駅でゆったりした音楽が通勤電車の乗降時になぜ流れているか不思議に思われた人がいるかもしれませんが、あれはイライラの緩和のためです。

BGMに関連づけられた商品のほうが魅力的に見える

小売店などの店内で流れるBGMで大切なのは、テンポだけではありません。これまで、テンポが買い物のペースや時間認識に影響を与えるといってきましたが、BGMから生まれる連想によって「何を買うか」の商品選択にすら影響を与えます。

フランスワインとドイツワインの売上に関する有名な実験があります[34]。フランスワインとドイツワインを店頭展示している店舗で、2週間にわたってフランス音楽とドイツ音楽を交互に流しました。**結果は、非常にわかりやすいのですが、フランス音楽を流すとフランスワイン、ドイツ音楽を流すとドイツワインが売れたのです。**

これはヨーロッパでの実験なので、音楽を聴いていたのはフランス音楽とドイツ音楽の違いがわかる消費者だったのですが、国を強く連想させる音楽が顧客の関連知識を活性化させるという実験結果は応用が利くはずです。単純に思えるかもしれませんが、私たちが「無意識に」選択をしているのがポイントです。

このような音楽の連想を引き起こす作用は、価格にも及びます。

同じくワインの販売店での実験になりますが、トップチャートのヒット曲を流しているときよりも、クラシック音楽を流しているときのほうが、より高価なワインが売れることがわかりました。[35] 私たちはクラシック音楽とワインを無意識に紐づけて理解しているわけです。

無印良品のBGMが「思い出せない」のは、商品に目を向けさせるため

BGMが消費者の商品選択に影響を及ぼすと考えると、小売店は、この連想作用を使って消費者にアプローチすることが可能です。

店舗に来てほしいメインのターゲット層にアピールする音楽ジャンルを店内で再生をすれば、ターゲット層と深いつながりも築けます。

無印良品はブランドイメージを店内のBGMで表現しています。音によって、自身の素朴で丁寧な暮らしを想起させてきました。16の国と地域で収録した伝統音楽を中心に楽曲を作成しています。

興味深いのは、聴けば「無印良品っぽい」と思うのですが、「無印良品でどんな曲が流れているか覚えていますか」と言われても、説明しづらい。これは非常に重要です。無印良品のBGMが私たちの無意識にうまく働きかけているからです。

お客さんに音を意識させすぎると、音に注意が引っ張られて、肝心の商品に注意が向かなくなります。感覚には作用しても、意識には働きかけない点にポイントが置か

れています。

もちろん、選曲が必ずしも売上や来店のきっかけになるわけではありません。それでも企業にとっては消費者の無意識に働きかけられるので、「ＢＧＭをどうするか」は興味深い施策のひとつになるはずです。

また、無印良品はＢＧＭの音楽そのものも宣伝、販売しています。それにより、ますますブランドイメージが高まります。店内でかける音楽も売れ、音楽をかけることによって店内の商品も売れる相乗効果が狙えます。これまで約20年間で25枚のＣＤにまとめられて、３００曲以上を配信しています。

音楽は、嫌悪や敵意も形成できる

音楽は、好意の形成ばかりではなく、嫌悪や敵意を形成するのにも役立っています。

これまではいかに好きにさせるかを見てきましたが、ここではいかに嫌いにさせるかを見ていきましょう。

音楽が嫌悪感を醸成するのは昔から知られています。米軍では、大音量の音楽が心理戦に活用されてきました。敵を撃退し、倒すために使われてきたのです。

1989年にパナマ軍の最高司令官だったマヌエル・ノリエガが米国に対してクーデターを起こした際の記録があります。

彼は首都パナマシティのバチカン大使館を占拠しますが、クーデター鎮圧に侵攻した米軍はそこで何をしたと思いますか。捉えたノリエガの耳にガンズ・アンド・ローゼズとヴァン・ヘイレンの曲をガンガンと浴びせ続け、降伏させました。というのもノリエガはオペラ好きで知られ、ロック音楽が大嫌いでした。音の恐ろしさを物語る一例です。[36]

他にも、イラク戦争で米軍がとらえたテロリストの尋問で、メタリカの音楽を使用されていると知ったメタリカのメンバーが、米軍に使用をやめるように申し入れたという事例もあるようです。

音が非殺傷性兵器として用いられる例もあります。

海上自衛隊なども装備している長距離音響発生装置は、大きな音声や不快な周波数の音を遠くの標的に浴びせ、威嚇や戦意喪失を狙っています。

若者に来て欲しくない場所にはクラシック音楽を流している

軍事作戦ほどわかりやすくはありませんが、音を使って、小売り店舗などでターゲット層ではない人々に行動を思いとどまらせる光景は日常にあふれています。

例えば、クラシック音楽を使って若者を排除する例は世界で広く見られます。カナダの公園、オーストラリアの駅、イギリスの海辺の店、米国のセブンイレブンの駐車場、そして最近ではロンドンの地下鉄の駅などで好ましくない人々を排除するためにオペラやクラシック音楽が流されています。

居心地をよくするためではなく、来て欲しくない人を避けるためにクラシックを流しているのです。

イギリスのカンバーウェルにあるマクドナルドでは、若者が店の前にとどまらないようにするために、店の外でクラシック音楽を流す「音波防壁」をつくっていました。

また、ロンドン交通局の２００５年1月の発表によると、ロンドンの地下鉄の一部の駅でクラシック音楽をテストで流したところ、地下鉄内の強盗が33％、職員への暴行が25％、列車や駅の破壊行為が37％減少したといいます[37]。

もちろん、音楽によって行動が抑止されるのは、若者だけではありません。第1章でアバクロンビー＆フィッチが、大音量の音楽を使って大人の入店を思いとどまらせる事例はお話ししましたね。

しかし、すべての音はコントロールできない

本節では、補助的かつ間接的な役割を果たす音や、環境音、背景音を意図的に利用する例を取り上げてきました。

しかしそれらは、常にマーケターのコントロール下にあるわけではありません。狙った通りに効果を発揮できるかは実は誰にもわかりません。

例えば、フォルクスワーゲンの新型ビートルのドアが発する音は、重厚感があり、安心や高品質を示すと同時にドアの重さも示します。つまり、車体の重さを連想させ、自動車の燃費性能を懸念させるという欠点もあるのです。ここをどうクリアするかに車メーカーはまた頭を悩ませています。音に対して人がどう思うかを完璧にコントロールはできないことがわかると思います。

また、補助的な役割を果たす音より環境音のほうが、コントロール下に置きにくい傾向にあります。

例えば、私たちは今、スマホで使う音声ナビゲーションシステムをつくっています。

ここでは、利用シーンを想定して音を設計する必要があります。**というのも、利用者をナビゲーションに過度に集中させるように音をつくると、そこにアテンションが向きすぎて、それ以外の注意力が散漫になるからです。**車にひかれる可能性が上がることは避けなければなりません。

ですから、横断歩道を渡るときには、音を強制的に切ってアテンションを車の方向に向けるように設計しています。

補助的かつ間接的な役割を果たす音や背景音と相互作用の複雑さは、より一層の実践が求められています。詳しくは第4章でお話しします。

3

3 「声」に高値がつく時代

2021年にインターネット広告が紙の広告を上回る

前節では補助的な音や自然音や環境音が私たちの製品やサービスの認知に無意識に働きかけている事例を見てきました。実は、音の中でも「声そのもの」はとても重要な意味を持ちます。例を見ていきましょう。

2021年の日本の総広告費の中で「インターネット広告費」は2兆7052億円でした。前年から21・4%の増加です。これがどれくらいの規模かといいますと、テレビ、ラジオ、新聞、雑誌の「マスコミ4媒体」の広告費の総計である2兆4538億円)を上回っています。**インターネット広告が旧来の広告を上回ったのは初めてで、まさに時代の潮目にあります。**

インターネット広告媒体費の内訳を見ますと、最も成長率の引き上げに貢献しているのが「動画ファイルの形式（映像・音声）の広告（ビデオ〈動画〉広告）」です。前年比で32・8％伸びています。

広告市場で存在感を示す映像・音声広告ですが、**共通するのは、どちらにも「音声」が含まれている点です。**音声広告はもちろん音声がありますし、動画広告にも音声がつけられています。

このように動画広告は市場が盛り上がりを見せていますが、皮肉なことに、消費者の多くは動画広告を注視していません。広告に目を向けるときは広告内容を把握するためではなく、「広告を最後まで見ないようにスキップボタンを探している」ときでしょう。

みなさんもYouTubeなどに挿入される動画広告のわずらわしさは経験したことがあるはずです。出た瞬間にボタンを押す準備をしている人は少なくないはずです。

もちろん、これは広告を出す企業側も十分に認識しています。重要なので以前にも少しお話ししましたが、企業としてはスキップボタンが押されるまでのわずかな時間の中で消費者に情報をいかに届けるかに注力しています。

スキップボタンを押せる広告は冒頭およそ5秒、スキップできずに強制的にすべてを見せる広告でも15秒ほどです。

消費者は、できることなら広告は見たくありません。そんな環境下で、強制的に情報を届けるためには声を使うしかありません。

今、声は製品やサービスの内容を伝える唯一の手段といっても過言ではありません。情報を伝えるために誰のどんな声で話し、どんな音をつけるかは、広告の効果を測るためにもビジネスでの重要な決定事項になっています。

最近はウェブの動画広告は、凝った動画はつくらない傾向にあります。凝ったところでスキップされるからです。その予算は、むしろ音声に割かれます。

視覚的に凝った動画よりも、アイドルっぽい女の子がボソボソささやく広告が関心を集めるのが今のインターネット広告のリアルです。

インターネット広告媒体費の広告種別構成比

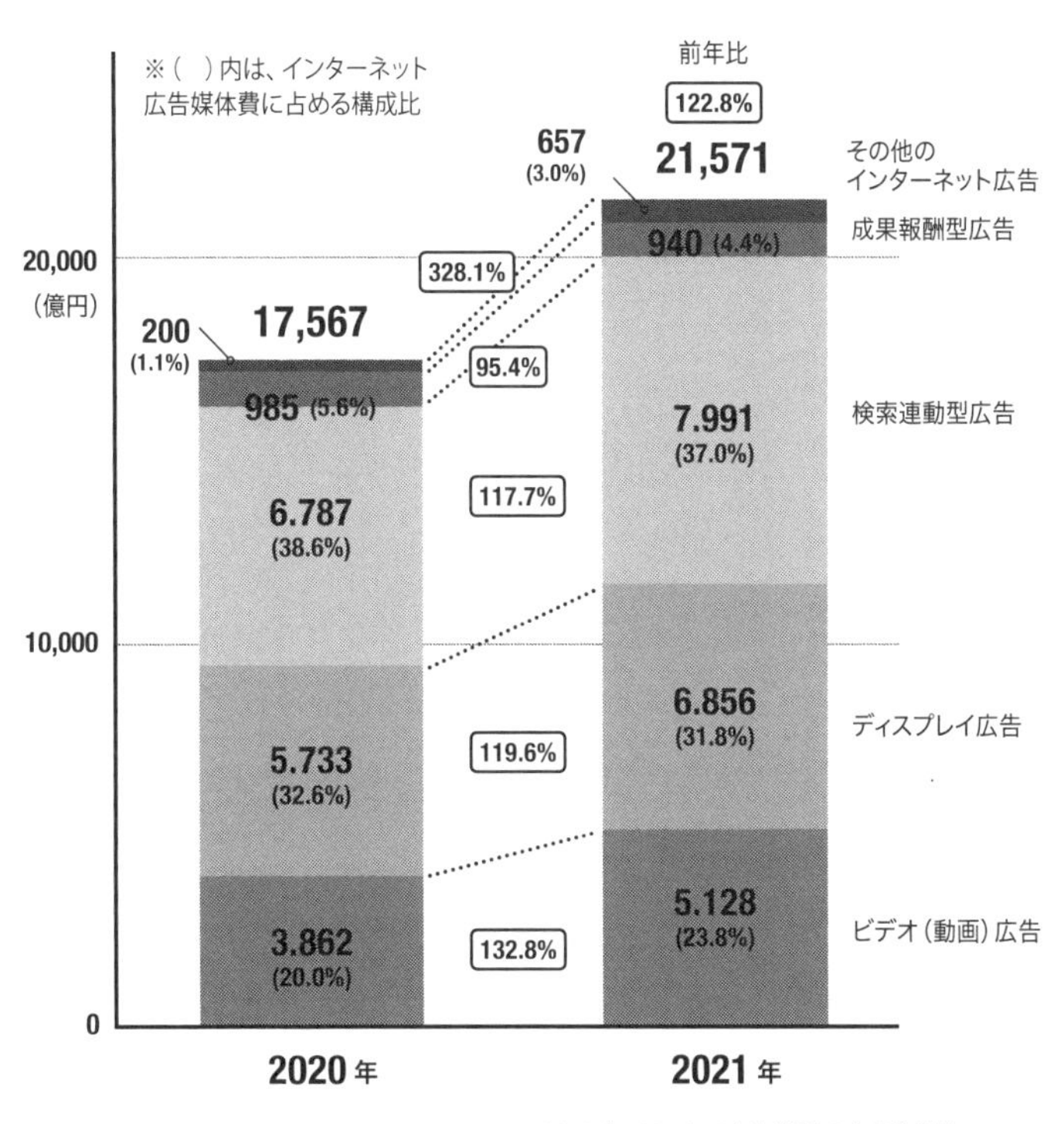

★2020年、2021年で定義が異なるため参考値
★2020年まで「ディスプレイ広告」に含まれていたタイアップ広告は、2021年は「その他のインターネット広告」に含む

もっとも高い成長率をみせたのはビデオ(動画)広告

出所:https://www.dentsu.co.jp/news/release/2022/0309-010503.html

人は、「言葉」だけでストレートに判断しない

言葉によるコミュニケーションでは、話される内容だけではなく、「伝え方」も影響力を持ちます。ここでの伝え方とは、言い回しではなく、トーンやイントネーション（ピッチ）を指します。同じ内容を話すにしても、早口か、ゆっくりか、女性の声か、男性の声かで、伝わり方がまったく変わります。

専門用語で、メッセージの内容やテキストの中身を「言語的チャンネル」、声の特徴を始めとする声にまつわる情報を「声的チャンネル」と呼びます。通常、私たちの音声情報にはこのふたつが含まれていますが、テキストには前者の文字情報しかありません。言い方によって伝わるイメージの情報は増えますので、「声的チャンネル」のほうが情報量は多くなります。

その結果、声的チャンネルによって伝えられる音声特性は、言語的チャンネルによって伝達されるメッセージよりも重要な役割を果たすことがしばしばあります。[38]

例えば、あなたが仕事を終えてそのまま帰宅する予定だった日に同僚に急に飲みに

誘われたとします。そのときに自宅に電話して「今日、飲みに行くけどいい？」と家人に尋ねると、「いいよ」と返答をもらえました。でも、この「いいよ」が本当に「いいよ」なのかは別の問題ですね。「いいよ」と口でいいながらも心の底ではそう思っていないことはよくあります。家人の「いいよ」の言い方次第では、家庭円満のために帰る人もいるはずです。

他の例を挙げると、仕事でクライアントと電話で話していて、「それいいですね、機会があったらやりましょう」といわれても、言葉通り受けとめる人は少ないでしょう。

「それいいですね」が本音かどうかは声を聴けばある程度はわかります。「検討します」、「前向きに考えます」と言われても、声から判断して「これはないな」と気づいた経験は誰もがあるはずです。**声的チャンネルによってのみ伝わるメッセージがあるので、声を直接聴くことはビジネスで意思決定する際にも重要です。**

声の高さと話す速さが、人柄まで決める

このように、音声が重要な役割を果たしているのは明らかですが、声的チャンネルの研究は少ないのが現状です。人間の感覚に訴えるマーケティングの研究がそもそも少ないのですが、声の研究はとりわけ少ない印象です。そうした中でも販売の場面や電話インタビュー、人前でのスピーチでの声の特性についての影響を考察した研究をいくつか紹介します。

これらの研究では、声の中の、大きくふたつの部分に着目しています。ひとつは、声の高さ（基本周波数）、もうひとつはしゃべる速さ（発声速度）です。**このふたつが聴き手に大きな影響を与えています。**話す内容の信憑性の判断基準になっているのですが、もっというと、聴いている側が、話し手自体が「どういう人か」を判断する根拠にすらなっているのです。

低音でゆっくりしゃべるのがいちばん「いい声」

心理学や言語学の研究によると、低音の声は高音の声よりも好意的に評価される傾向にあります。[39]

イギリスの言語学者のアンドリュー・リン氏が２００８年に手がけた研究によると、『ハリー・ポッター』のスネイプ役で知られる故アラン・リックマンの声が「理想の声」とされています。彼も低音の声ですね。

興味深いのは国や言語を問わず「いい声」＝「低い声」と認識されている点です。例えば、漫才コンビの麒麟の川島明氏は自身の声を「ええ声」とネタにしていますが、彼の声もバリトンです。そこに私たちが違和感を抱かないのは「ええ声」のイメージが低い声だからでしょう。ですからこの分野では、言語的な特性や文化的な違いを超えて、普遍的な影響力があると考えられます。

「いい声」、「低い声」、「高い声」に関する研究は70年代から80年代にかけて盛んに行われていました。

ある実験では、甲高い声の話者は低い声の話者に比べて、真実味に欠けて、協調性に欠けて、力強さに欠けて、神経質であると判断される結果が得られています。[40] また、同年代に行われた別の研究では、声の高さが高くなると話者の能力が低く、善良ではないと感じられたということもわかっています。[41] 話された内容そのものにも話し手の印象にも、声の高さが大きく影響しているのが理解できます。

嘘をついているときの音声の特徴を調べた研究もあります。[42] **それによると、嘘をついているときに声の高さは上がる傾向にあります。** サスペンスドラマで嘘をついている登場人物の言葉が上ずるシーンがありますが、まさにあれです。

これらの研究は、声の高さとストレスや神経質、恐怖などの関連性を示唆しています。ですから、低音の声はストレスや神経質、恐怖と関係がないと判断されやすいですし、真実を語っている可能性が高いとも判断されやすい傾向にあります。

ここで、気をつけなければいけないのは、これを判断するのは、「受け手」であるという点です。発する側の人の責任で信頼性を左右する力が変わるのではなく、受け手の情報処理だという点がポイントになってきます。

スネ夫とバイキンマンの声が高いのは、ずるいやつに見せたいから

こうした情報処理を巧みに利用しているのが幼児向け番組です。ずるい奴や悪い奴が必ず登場しますが、そうしたキャラクターの声には共通項があります。『ドラえもん』のスネ夫も『アンパンマン』のバイキンマンも声が高いですよね。**視聴者にキャラクターのネガティブな印象を直感的に与えられるように声をつくっています。**

反対に低い声は「いい奴」と思われる可能性が高くなります。

低く深みのある声は、なんと話し手の性格に好意まで与えるのです。その上、聴き手とは本来関連性の低い情報も受け入れる傾向が高まることもわかっています。[43] つまり、発信する人そのものが深みのある声で信頼に値すれば、自分は興味がなかったり、自分に直接関係なかったりする情報でも「なるほど」と受け入れやすくなる傾向があります。**ある意味、内容の意味が少しわからなくても、低い声だったら信じやすくなる面があるのです。**

「それならば、企業は低く深みのある声の人をCMに使えば、その製品は売れるの

では」と思われるでしょう。まさにその通りです。

ドン・ラフォンティーヌという伝説的ボイスアクターがいます。

彼は映画の予告編のナレーションを５０００本以上、テレビ、ラジオのＣＭはそれ以上を数えきれないほど担当していたといいます。昔の映画の予告編などがYouTubeにあるので、聴いてみて欲しいのですが、声は超低音で深みはありますが、冷静に聴くと、決して聴き取りやすい声ではありません。ただ、超低い声のために、商品に好印象や信頼性を抱かせて、オファーが絶えなかったわけです。

低い声が信頼性を増すように感じるのは、私たちの情報処理の問題とお話ししました。しかし、脳のメカニズムの問題かというと必ずしもそうではありません。

これはあくまでも推論ですが、文化的な要因が大きいのでしょう。例えば法律的な助言だと、高い声よりも低い声のほうが信頼性が高いと感じる傾向にあるといわれています。これは法曹界がこれまで男性中心だったからにすぎないと思われます。

こうしたジェンダーギャップは、近年意識されてきています。例えば、薬のＣＭのナレーションは以前は男性の声が大半でしたが、最近は女性の声が目立ち始めています。ですから、こうした積み重ねで、長期的には私たちの認知が変わる可能性もありますが、現時点では低い声が高い声よりも好意を形成しやすいのが現実です。

信用されたければ速く話せ

続いて、話し方の「速度」を見ていきましょう。

マーケティングの世界では、ゆっくり話すよりも速く話したほうが説得力が増すことが、多くの経験的な証拠によって裏づけられています。

いくつかの研究によると、速く話す人のほうが能力や信頼性が高いと判断される傾向にあります[44]。**話すのが速い人は、より知的、知識豊富、客観的と見なされたり、より真実味があり、真剣であり、説得力があると見なされるのです。**

こうした研究が行われるようになった背景には60－70年代のテレビの爆発的な普及があります。

この時期は、企業もテレビに広告を積極的に出稿したい時代でした。ただ、放送時間は限られています。そこで、何をしたかというと、テレビ局は広告そのものの音を編集しました。早回しをし、収録された実際の時間よりも放送時間を圧縮し、多くのCMを流したのです。

そうした早回しした広告は、人々にどのような影響を与えたかに注目が集まり、研究が進みました。そして、**それらの研究で、人々は通常の話し方よりも、適度に速い発話を好むことがわかりました**[45]。

聴き手は話を早くされると、聴き取りにくいので、理解しようと、ついていこうとします。注意を向けざるを得ません。

これは第1章、第2章で強調した点とも関係します。人間は自分から情報を積極的に取りに行くのは面倒くさがります。ゆっくり話された内容を、ゆっくり理解するほうが負担なのです。

一方、早く話されると自分は何もしなくても、無意識に注意が引っ張られます。**自分が追いかけなくてすむのです。**このプロセスが負担免除されるため、気が楽になります。

通常の速度よりも速い発話のほうが、その処理に大きな力を割くことが研究からわかっています。時間圧縮により早くなった広告のほうが、リスナーはより良く思い出せた上に、広告に対してより好意的にもなりました。これは発話が速くなると注意が引っ張られ、思わず聴いてしまうので内容がよく理解できるからです。

これに関連した事例として英語の倍速学習が挙げられます。英語の学習アプリには倍速再生機能があります。あれはスピードを速くしてリスニングに慣れる狙いもありますが、注意を向けさせる狙いもあります。注意が引っ張られて、学習効果が高くなります。

人間の耳は音に慣れます。1・5倍速で聴くと、当初はほとんど聴き取れませんが、1・3倍速に落とすとすごくゆっくりと感じます。速い速度で聴いてそこから速度を落とすと、人間の脳は処理が容易になります。

私は、もし読まなくてはいけない本を読みたくないときには、読み上げソフトを倍速で流します。そうすると意識が向きます。音声の速度をうまく使うことで注意が向くからです。

少し古い話題で恐縮ですが、90年代に放映された子供向けテレビ番組『ウゴウゴルーガ』に「ミカンせいじん」というキャラクターが登場し、人気になったことがあります。ミカンせいじんは当時の幼児番組に珍しく、話すスピードが速く話題になりました。これは子供の注意を向けさせる効果を狙っています。もちろん、子供たちは意識していませんが、直感的に見てしまったわけです。

「何を言っているかよくわからないけど、頭いい人っぽい」のは速くしゃべる人

人は、速い音声には無意識に注意を向け、よりよく理解し、その上好感を持つ、という話をしました。

しかし、これにはもっと適切な説明があるとの異論があります。聴き手が「好意的になる」ということは変わりませんが、それ以外が違います。実は、こちらの説のほうが有力だとも言われています。

広告の発話速度が速くなると、聴き手にとって、メッセージの内容を理解することが難しくなり、しかも広告自体から離脱してしまう可能性が高くなります。**にもかかわらず、「なんだかわからないけどよく感じる」という説があるのです。**[46]

中身が理解できていないというのに好感を抱くのはなぜでしょうか？

この説によると、広告からの離脱の有無にかかわらず、リスナーは内容をあまり理解しない代わりに、話し手の声の好感度など、周辺の手がかりに焦点を当てるようになるというのが理由です。つまり、話の速度が速くなると、内容を無視して、話し手

の「速い」という特徴が好意の形成にダイレクトに反映されるというわけです。内容がわからないので、逆に聴き手はこの人はどんな人なのか推測することにばかり関心が向いて、「よどみなく、深みのある声でしゃべっているから、この人はわかってるんだろうな」と好感を持って受けとめます。

この仮説では、発話が速くなることで内容が理解されて好意が形成されるのではなく、**速くなるとよく内容がわからないので、周辺情報に関心が向いて、最終的に好意の形成につながります。**

速すぎると、聴き手は周辺情報に関心が向くのがこの説のポイントです。

最も信頼されない話し方は「高い声でゆっくり」

これまでの声の高さと話の速さを組み合わせるとどうでしょうか。

声は低いより高いほうが信頼性がなく聞こえるという研究を紹介しましたが、声が高くても、「速さ」を組み合わせると、知的だと感じられるようです。聴き手は内容をしっかり聴いて判断するのは負荷が高いので、高い声でも速くしゃべられると楽になり、「なんとなくすごい」と思ってしまいます。

まとめると、聴き手を引きつけるしゃべり方としては「低い声でよどみなく速くしゃべる」が一番理想的です。その次は「高い声でよどみなくしゃべる」になります。その次に「低い声でゆっくりしゃべる」で、最も聴き手を引きつけないのが、「高い声でゆっくりしゃべる」になります。

ジャパネットたかたは「速いしゃべり」が好意を持たれる要因

話し手が好意的な理解を獲得するプロセスのどちらが正しいかは別にして、みなさんも早口でまくしたてられて、「なんかよくわからないけれどもそうかもしれない」と感じてしまったことが一度や二度はあるはずです。実際にわたしたちの生活でそうした例は少なくありません。

ラジオの業界では、話し手であるパーソナリティがリスナーを熱量で引きつける力を「カロリー」と呼びます。カロリーが高い話し手ほど、ラジオの商品広告を担当しても返品率が低いというデータもあります。ですから、業界ではパーソナリティはカロリーが高ければ高いほど良いとする風潮もあります。

ただ、音声研究の観点からは本当に大切なのは、熱量ではありません。カロリーが高いパーソナリティは興奮しがちです。興奮すると早口になります。速く話すことで、リスナーを引きつけ、たまにゆっくりとした会話を織り交ぜて緩急をつけると、聴いているほうは「なんかいいかも」となるわけです。

これは話す技術です。

実は、話がうまい人は内容をあまり意識していません。**テクニックとして大切なのは、緩急のつけ方です。**こちらのほうが聴き手を引きつけるのです。

ラジオ広告の場合、間（音がない部分）がどうであるかは広告の内容理解や広告への評価にあまり影響しません。しかし、しゃべりの速度はパーソナリティの声の高さと相互作用して消費者の反応に影響を与えます。さきほどお話ししたように「低い声で速く話す」がベストで、もっとも響かないのが「高い声でゆっくり話す」です。

例えば、テレビショッピングの「ジャパネットたかた」の高田明さんを思い浮かべてください。特徴的な高音と早口が有名ですが、「高い、速い」は聴き手には内容は認知されにくいのは見てきた通りです。

ですから、あのCMは私たちからすると、内容の理解よりも「お買い得である」印象を強調する方向に振り切っています。

ラジオのカロリーもジャパネットの例もポイントは同じです。

聴き手が内容を理解するかどうかが大切なのではありません。むしろ、しゃべりの速度は、内容の理解をさせない可能性が高いにもかかわらず、広告に対する態度を形成しています（もちろん、必ずしも好意を形成するわけではありません）。

しゃべりが速くて内容を理解することをあきらめ、関心が周囲に向かったときに、周囲の音の好感度が高ければ、好意は形成されます。その反対に、周囲に関心が向いて、好意がむしろ減退する場合もあります。いずれにせよ、発話の速度は態度形成に関心が向かいます。

広告に対する好意的な気持ちは、間接的ですが、購買意欲にも関与します。広告に悪い印象を抱いていれば商品は買いません。ただ、広告に対して良い印象を持っていれば、購買につながる可能性はあります。つまり、発話の速度は消費者の購買意欲の形成にも一役買っています。

ですから、広告で早口でまくしたてるのが、もしかすると消費者が買うきっかけにもなるかもしれません。多くの企業は広告の内容を伝えたいと必死なので、ゆっくり丁寧に伝えようとしますが、ゆっくり丁寧に伝えることが必ずしも好意形成には繋がらないのは見てきた通りです。

ギャル語は「仲間意識」のためにある

声の高低、速度以外に音声の特徴として検討すべきものはほかにもあります。まず、「イントネーション」（ピッチ）です。周波数が上昇したり下降したりすることです。ピッチは言語コミュニケーションに新たな意味を加えることがわかっています。[47]

例えばピッチが上昇して終わるフレーズは疑問文だと理解されますね。「これ、おかしくない？」と語尾が上がると、疑問文とわかります。これは日本語でも英語でも変わりません。一方、下降して表現すると、断定とか主張であると思われます。

「これはおいしい？」と「これはおいしい」でピッチが変わると、意味が変わります。「これはおいしい？」は断定ではないから、曖昧さや同意を求めます。語尾を上げる発話は、断定や主張と理解されにくいです。

例えば、若者の間では、語尾が上がる特徴がよく見られます。いわゆる90年代以降のギャル語ですが、これは日本だけでなく、米国も同じです。米国のギャルの代表格は、バレーガール（カリフォルニア女子）ですが、彼女たちも癖の強い語尾が上がる独特な話し方をします。英語のドラマを見ていても、カリフォルニアの子たちはみんなギャル語です。

こういう発話の形を若者が取り入れるのはピッチが私たちに与える印象を理解しているからです。**若者は自然に語尾を上げて、断定を避け、同調を求め、仲間意識を形成しようとしている可能性が高いでしょう。**

マーケティングでの実例を見てみましょう。セールスの場面でピッチについて調査した研究があります[48]。

この研究は、営業担当者は上向き、下向きの両方のピッチパターンを意識して使うというものです。会話は語尾を上げる「？」を多用し、決めぜりふのところで下向きのパターンを使うと営業成績が向上する相関関係がみられました。

「何々ですよね？」、「何とかですよね？」と会話を重ねて、最後に「これがいいんです」と断定口調で決めると、内容とは関係なく聴き手は「なるほど」と感じやすくなります。

声は「デカいと怖い」

ほかにも、重要な特性といえば声の大きさ（声の振幅）ですね。音が大きく聞こえるとき、振幅は大きくなり、振幅が小さくなるときは声が小さくなります。

これまでの研究では、**人は支配性や自己主張、攻撃性が高くなるときは大きな声を出す**[49]**一方、服従や敬意、不確実性を表すときは、小さい声になることがわかっています**[50]。これはなんとなくわかりますね。

こうした研究に関連して、**女性には高い声が好まれ**[51]**、男性には低い声が好まれることもわかっています**[52]。女性からすれば支配的であったり、攻撃的であったり、自己主張が強い男性的なものを避けたい気持ちが潜在的にあるのかもしれません。

女性の声は女性ならではの商品の広告に使われる傾向にあります。例えば化粧品や洗剤などの日用品です。そうしたもので、男性の声で強いメッセージを出してもあまり効果は期待できません。声の効果には性差があって、その違いに理解を深めれば、理論的にも実質的にも有益なメッセージを打ち出しやすくなります。

スネ夫の声をなぜスネ夫っぽいと感じるのか

声の雰囲気から、その人自身がどんな人か想像する場合もあります。みなさんもおそらく声からも無意識に考えているはずです。

実は私たちは声を聴いたとき、身体的な属性（年齢や身体的魅力、体重、身長など）と性格的な特徴（誠実さ、知性、親しみやすさ、自発性など）といったふたつに分類し、それぞれ勝手に推測する傾向にあります。

１９３０年代の研究に、「声は外見と性格の特徴に関する正しい情報を伝える」としたものがあります。[53] 聴き手は声を聴くだけで、その人の見た目と中身の両方を判断しているわけです。

この研究に基づいた70年代の研究では、声による性格判断は、反対にステレオタイプ化されていることがわかっています。[54] ステレオタイプとは、「こういう声の人はこんな性格だろう」と私たちが先入観を持って判断してしまうことです。

確かに私たちは「神経質そうな声」、「粗暴そうな声」など正しいかどうかはともかく声に対するイメージを持っています。

また、聴き手が話の内容からではなく、それ以外から正確に身体的特徴を想像できることを明らかにした研究もあります[55]。

それによると参加者は、話し手の話を聴いた後、76・5パーセントの確率で、その話し手の正しい写真を選択できました。声を聴くだけで、どの人の声かが高い確率で当てられたわけです。別の研究では息づかいや鼻づまりなどの特定の声の特徴を調べて、これらの声の特徴とその人の性格に対する認識に関連性があると結論づけた論文もあります[56]。

論文によると特定の声の特徴は性別を問わず、ある特徴と結びつけられて判断されていました。例えば、男性の息づかいがある声は「若くて芸術的である」、女性の息づかいがある声は「小柄でかわいらしい」と評価されました。これは私たちがこれまで学習して思い込んだステレオタイプがあるからです。ドラえもんのスネ夫の声はいかにもスネ夫っぽく感じるのを思い浮かべていただけたらわかりやすいかもしれません。

このように私たちは声から人物を想像しています。必ずしも正確ではありませんが、ステレオタイプを反映し、声から「こういう人だ」とイメージを抱いています。ですから、声の使い方がマーケティングでも重要になります。

ピッチをうまくコントロールしつつ、声を低く、しかも話す速度を早く、女性には小さな声で、男性には強い声でと調整すれば大きな広告効果につながる可能性もあります。

現代では、技術的に声の調整が可能です。

人工的につくられた声も活用できます。これらの知見をどう生かすかが広告制作の世界を大きく変えるかもしれません。

4 ネーミングは認知から考える

「どんな名前か」は音を脳で文字にして初めてわかる

ここからは、ネーミング、つまり製品やサービスの名称について見ていきましょう。名前をどうするかは、いつの時代も多くのビジネスマンにとって悩みの種です。いくつもの候補案から議論を重ね、最終決定しても、いざリリースしてから「あっちのほうがよかったかも」と後悔する人も少なくありません。ABテストなどができない商品なら、比較のしようがないのでなおさらです。

しかし、ブランド名はとても重要で、消費者の想起、認知、嗜好に影響を与えるということは、多くの研究で明らかになっています。**ここではブランド名を決める際にマーケターはいかに聴覚を意識すべきかについて見ていきます。**

マーケティングや広告では、もちろん視覚的な表現が多用されています。今や広告はいたるところにあり、街を歩いていても、スマホを見ていても、広告が目に飛び込んでこない日はないくらいです。

このように、ブランド名を視覚的に印象づけることは、現実的にも理論的にも理にかなっています。しかし、ブランド名は、「視覚的でない場合」もたくさんありますね。これまで見てきた音声でのCMや、テレビなどで歌にのせて連呼されるブランド名などの露出は聴覚的です。また、企業発であれ、消費者発であれ、私たちは口コミ情報に日々さらされています。「よく知らないけれども、あれ、いいみたいだよ」のような情報も耳で捉えています。

では、広く伝わるブランド名をつけるには、どうしたらいいでしょうか。

そのためには、「消費者にちゃんと聞こえるか」への気配りが不可欠です。特に、名前が造語で普段使っている単語ではないと多くの人に馴染みがないため、**聴覚でスムーズに聴き取れるかが重要になります。**

というのも、私たちは耳で聴いたブランド名を、まず文字化して把握するからです。初めて聴く単語をブランド名として認識する場合も、それは文字でどう書くかに私たちは頭を巡らせています。だから、「ちゃんと聞こえるか」は非常に重要な問題になります。

音と文字が対応しているかがマーケティングにとって重要であることは、研究でも広く認められています。

ある英語圏での研究では、英語やアルファベットに基づく言語を話す人たちは、聴覚で提示された単語に対して自分の語彙の中から一致する音を探す傾向が示されています。[57] 日本語でも同じ傾向になるだろうことが推測されます。

つまり、私たちは音声から何かを理解するときは、無意識に音をいったん文字に置き換えて、単語を認識しているのです。知っている単語も、初めて聴く単語も一度、文字にして理解しています。

英語はなぜ聴き取りにくいのか

音には、単独で発音できる最小の単位である音素があり、文字には表記上の最小の単位である「書記素」があります。書記素は、例えばアルファベットであれば、「a」「k」などです。この、音素と書記素が一対一の関係でない言語は、音を聴いたあと、文字に直すプロセスが難しくなります。わかりにくいと思いますので、詳しく見ていきましょう。

ひとつの音がひとつの文字にきちんと対応して、それに一貫性があると、音と文字の整合性が取れます。例えば、日本語は英語に比べてかなり対応しています。「きゃ」や「しゅ」などのように2文字で表される拗音（ようおん）を除き一対一です。「あ」は「あ」ですし、「ん」は「ん」です。英語は、そうなっていません。

音と文字に一貫性のある場合は一貫性のない場合に比べて、聴き手の理解力やつづりのパフォーマンスが優れていることが研究で示されています。[58] これらの効果は、特に初めて聴いた単語の場合には、より顕著になります。聴いたことのない呼称を文字化するには、自分の記憶を探したところで何も取り出せないので、文字と音との間に一貫性やルールがあることがより重要になるからです。

つまり、一貫性（と一対一ではサポートし切れない例外的なルール）が適用できれば文字にできますし、適用できないと文字になかなかしづらいわけです。

これは外国語が母国語よりも聴き取りにくいことを考えるとわかりやすいでしょう。

なぜ、多くの日本人にとって英語がわかりにくいのかというと、音と文字の体系が日本語と違うからです。

日本語は母音が「あ、い、う、え、お」の5音ですが、英語には15の母音があります。私たちは英語を聴いたときに、基本的に、子音プラス5つの母音で英語の音を書こうとするので、無理が生じます。英語の15音ある母音は、本来はまったく違う音なのに無理に日本語の母音の5つの中に振り分けようとするので、「さっぱりわからない」となるわけです。自分が本来持っている書記素が異なるので、置き換えられず、聴き取りにくい状態に陥ります。これは余談ですが、英語を聴き取るためには量を聴いて、自分の中で15の母音を認識できるようになるのが近道です。

英語の音素と書記素の複雑なルールを最大公約数として取りまとめたのが、英語圏の子どもたちが英語の読み方を覚えるために用いる「フォニックス」です。「英語を勉強したい人は、まずフォニックスを学ぶべき」という主張は人間の音声を認識するしくみからすると理にかなっているといえます。

やる気があればブランド名も想像できる?

ここまで見てきたように、音と文字の一貫性がブランド名の認識には重要です。しかし、例外があります。

その例外とは、聴き手のモチベーションが聴き取りに関連するというものです。**そのときの感情によって、聴き取れる人、聴き取れない人が出てくる可能性があります。**

モチベーションはかなり大きな影響を与え、モチベーションが高い人にとっては、音と文字の一貫性がないほうがブランド評価に有利になる可能性があります。普通は言葉が類推できないと、面倒になってそこで放棄しますが、やる気がある場合は、わからないときに類推を始めます。

むしろ、一貫性がないがゆえに、「こういうことかな?」、「こういうこともあるな」と思いを巡らせるので可能性が広がります。

モチベーションの低い人は、わからなくても、どうにかしようとは思いません。

音に対応すると思われる文字の候補をいくつも検討したり、多くの可能性がある文字の中から目の前のブランドの種類に合う文字を検討したりはほとんどしないはずです。

結果的にモチベーションの低い消費者は、一貫性のない不規則な名前に直面した場合、ブランド名に対してネガティブな反応を示す可能性が高いと考えられます。ブランドを認識しないどころか、ブランドの評価そのものも低くなるはずです。

そのコミュニティの中だけで使われる言葉もかなり重要

また、コミュニケーションのスタイルの変化に伴って、使われる「文字」も変わってきています。

略語（例えばネット用語）や顔文字なども使われるようになっています。ネットで笑いを表す「草」「w」は、もうすっかり定番化しています。旧来の音と文字の一対一の関係の外側にある記号が大量に出現しています。

このような新しい言葉にも注意を払うことは必要です。特に企業はこれらを知り、また消費者の新しいコミュニケーションスタイルを認識し、対応策を用意しておくことが必須です。**現在、市場は細分化されているので、誰もが聴いただけで把握できる言葉の重要性が増しているからです。**

最近のネット用語や略語は決して何かを簡略化した言葉ではありません。むしろ、複雑になっています。というのも、通常の言葉では表現しづらい微妙なニュアンスを入れたのが、そういう新しい言葉だからです。文字の外側の多様な情報が盛り込まれています。

この新しい言葉たちにより、伝えられる情報量は爆発的に上がりましたが、それを知らない人には読むことや意味をとることが難解になっています。特定の文化圏の住民にだけわかるような言語化が進んでいて、その文化圏に属していないと、意味がさっぱりわからない状況です。

例えば、2020年にTikTokから生まれた「やりらふぃー」というネットスラングがあります。これはギャル雑誌『egg』が発表した「egg流行語大賞2020」の1位に輝いた言葉なのですが、読者の大半は初耳なのではないでしょうか。

「やりらふぃー」は、テンションが高い人たち、いわゆる「パリピ」を意味する言葉です。この「パリピ」は、パーティーに出かけるようなノリのいい人たち（パーティピーポー）の略語ですが、「やりらふぃー」は略語ではありません。

TikTokで人気になったダンス動画で使用された楽曲のサビの歌詞「Jeg vil at vi」が「やりらふぃー」と聞こえたことがきっかけで、このスラングが生まれました。この楽曲でダンスするようなテンションの高い人や派手な様子を指して、「やりらふぃー」と表現するようになったのです。

このように、近年のスラングはそれが生まれた背景を知らないと、もはやぼんやり

とした意味すらわからないものになっています。

こうした現象がネットの世界のみならず、さまざまな場所で散発的に起こり、ボキャブラリーも記法もどんどん増えているのが今の私たちの世界です。

ASKULは業態を知らなくても聴くだけで連想できる

脳科学や認知心理学の用語に「プライミング効果」というものがあります。これは、**先に与えられた情報や印象が、無意識に後の行動や判断に対して影響をもたらしてしまう傾向を意味します。**

例えば、選挙で政治家が政策の一面だけを強く印象づけ、有利な争点だけが浮き上がるよう有権者の判断基準を変えることがあります。これもプライミング効果です。この効果を使って、新しくブランド名を作ることもできます。まったく知らないブランド名だったとしても、既に知っている言葉と近いものであれば、そこから連想させられるのです。

印象的な言葉や映像を使うことで、聴き手は初めて聴いたブランド名でも意味を連想して、理解できる可能性が大きくなると示唆する研究もあります。[59]

例えば、事務用品のアスクルです。オフィスに必要なモノを「明日お届けする」というサービス内容が音の響きからわかるように工夫されています。

食品の通信販売のオイシックスも「おいしい」を思い浮かべさせます。折る刃式のカッターナイフを手がけるオルファは製品の最大の特徴の「折る刃」が社名の由来です。サービスがどういうものなのかを音が補完的に説明しています。

プライミング効果は視覚的な刺激によっても可能です。**ロゴやブランド名に関連した画像を聴き手に見せることで、慣れないブランドの認知につなげられます。**[60]

視覚でいうと、デザインされたロゴ自体に、そのブランドが代表する製品やサービスに関する具体的なイメージが含まれている例も少なくありません。

例えば、物流会社のFedExです。この会社のロゴはエキスプレスの部分がExで強調されていて、かつEとxのロゴの間にスピードや正確さを表す矢印が隠されています。

Beatsはラッパーの Dr. Dreが立ち上げたヘッドホンのブランドで、2014年にAppleが買収しました。Beatsのロゴはブランドネームの頭文字である「b」をかたどったものですが、同時に、ヘッドホンを表しています。人の頭にイヤホンが装着されている姿にも見え、ヘッドホンブランドであることをうまく示しています。

楽器メーカーのYAMAHAはロゴマークに調律の道具である音叉を3つ組み合わせています。これは同社が楽器の修理から始まった歴史と関係があります。楽器の修理で創業し、オートバイや半導体など多角化していきましたが（現在は別会社化）、もともと音楽関係の会社であるのが一目でわかるロゴになっています。

若い人たち特有の語彙感覚の存在を意識する

若い人たち特有の言語感覚もあります。

例えば、若者はSNSなどのインスタントメッセージで略語やスペルミスを意図的に使います。独特の語彙表現や文化があるので、つづりのミスに慣れていて、もし間違いがあったとしても影響を受けにくいといえるでしょう。

例えば、テスラの経営者のイーロン・マスクは、子どもに「X Æ A-Xii Musk」と名付けました。最初はみんな冗談かと思ったのですが、本当なんですね。当初は「ふざけている」、「何て呼べばいいのか」など議論もありましたが、もう誰も違和感を抱いていません。名前に記号を入れるのも近年の語彙感覚の文化が影響している可能性が高いでしょう。ネット用語が若者の日常会話で市民権を得たのも同じ文脈に位置づけられます。

ブランド名を正しく伝えられるかは、そのブランドに対する消費者の印象に影響を与えます。例えば、音で聴いたあとに消費者が文字にできれば、インターネットでブランド名を検索できます。音だけで聴いていたブランド名を、何かのタイミングで広告で視覚的に捉えたときにも認識できます。**反対に、音が文字にできなかったら、ブランドに対する印象は悪くなります。**

ここまで見てきて、ブランド名の音声での把握は、消費者の中で文字として認識されて初めて実現することがわかったのではないでしょうか。音声での名前の把握は、視覚でのブランド名の把握とはプロセスがまったく異なります。企業はこうした視覚と聴覚の違いに配慮して、両方の視点からブランド名を設計することが重要です。

第4章

実践編
それでは
どう設計するか

4 1【広告】聴覚を使った広告の作り方

実際に設計してみよう

第3章までで、私たちが何かを認知するとき、意志とは関係なく行われるということを見てきました。私たちが何を考えているかにかかわらず、特に「音」が私たちを無意識に引きつける強い力を持つことを理解できたと思います。**YouTubeなどの新しいメディア（複合メディア）の設計に、その視点が不可欠であることは明らかでしょう。**

この章では、ここまで紹介した、人間の認知の特性を踏まえた上で、コンテンツ制作の手法、特に音声を使った方法について取り上げます。

これらは、私たちが実際に関わってきたコンテンツ設計の経験をまとめたもので、すでに実用化されてきたものです。

ここまでで、音が新しいメディアの最も要になることはわかったと思います。しかし、コンテンツの作り方でもっとも研究が進んでいるのは、「視覚」なのは間違いありません。例えばインターネットの世界ならば、ウェブデザインの方法論はさまざまなものがありますね。

「聴覚」に関しては、音楽については確立していますが、その他に関しては、実際のところメソッドはないに等しいのが現状です。それぞれの専門家が、それぞれの経験をもとに職人的に取り組んではいますが、方法論の体系化については手つかずと言えます。

なぜ視覚チャンネルだけ方法論が発展したのでしょうか。その背景には、入力されるインターフェースの技術的な進歩がまず視覚だったという歴史があります。

例えばインターネットを体験する場合、まずは画面を通じて利用し、楽しみます。接触する回数が増えれば、インターフェースは必然的に洗練され、その求めに応じて設計における方法論も確立されます。多くの人が画面を見るなら、提供者はどうすれば使いやすくなるのかを考えます。これが進歩を促すわけです。

特に、操作性や機能性などの目的（オブジェクト）を追求したデザインの方法である「オブジェクト指向インターフェース」の誕生は視覚コンテンツの設計を大きく変えました。それまで、デザインとは審美眼的な美しさを追求するものでしたが、それとは異なり、認知に基づいた機能性を重視した手法です。

例えば、ECサイトでは、みな同じように商品をカートに入れる方法が採用されています。今となっては、当たり前ですが、これもネット黎明期には試行錯誤がありました。商品を選んで決済を行うという一連の動作を、前例がない中で直感的に理解できるインタフェースを発明するというのは、大変難しいことだったのです。現在では、「商品を選ぶたびに、カートアイコン上の投入商品数がポップアップする」という視覚効果だけで何の違和感もなくショッピングが行われています。これは認知に基づいたデザインの成果に他なりません。

一方、聴覚チャンネルについては、これまでラジオなど長い歴史がありながらも、ユーザーにとっては受け身なだけのインターフェースとして存在してきました。主に、ユーザーが発信できるという技術が長らくなかったからです。発信するほうは、機能性や操作性を考える余地も必要もありませんでした。

しかしながら近年、急速にこの状況が一変したのはみなさんもよくご存じの通りです。オンライン会議システムのZoomやTwitterのルーム機能、スマートスピーカーなど双方向性を持つチャンネルが続々生まれています。技術の進歩により、今日、聴覚チャンネルは受けるだけではなく、発信も可能で、双方向のインターフェースチャンネルとして注目されています。

この急激な変化によって、改めて音声の設計メソッドがないことが明らかになりました。音声での双方向のコミュニケーションは可能になったものの、「ではどうやったら利用しやすいものが作れるのか」という設計のメソッドは存在していないわけです。

この場合の双方向性とは、音声ナビゲーションのように、ユーザーが何かを聴いて行動に移すような行為も含みます。聴覚だけで聴くようなものでは、これまでユーザーは聴きっぱなしでしたから、つくり手も音声の指示でユーザーがどう動くかなど想像したことはありませんでした。

ですので、音声インターフェースの発展により、ネット業界に進出して音声コンテンツに携わるようになったITサービス開発者などはとても困っていました。ノウハウがないから、例えば、スマートスピーカーを作ったところで役に立ちません。棒読みの通知と、どう操作していいかわからないユーザーの間で、ちぐはぐな会話が繰り返されるだけです。初めはものめずらしさもあっていろいろと話しかけますが、しばらくすると使わなくなってしまう。これが多くの音声コンテンツの現在地です。音声は、まだ歴史が浅く、使いこなすのは難しいのです。

私たちは、音声の効果やその運用について調査・研究しているので、このような相談を多く受けてきました。実際、これまでさまざまな音声インターフェースの開発に携わり、さまざまなサービスでのメソッドを開発しています。

ここでは、産業界で需要が特に大きい、「広告」、「ドラマ（コンテンツ）」、「インターフェース（情報の伝達）」の3つのカテゴリについてのメソッドをまとめました。

多くの関係者の悩みに対応するためにも、汎用性の高いメソッドになっているはずですし、もし自分の関わるジャンルでなくても、応用できるものがあるはずです。みなさんが、どのような分野に携わっていても、制作のヒントがみつかるのではないかと思います。

いつまでも記憶される「サウンドロゴ」とは何か

短い音楽に乗せて企業名や商品名を伝える「サウンドロゴ」はテレビ時代には抜群の宣伝効果を持っていました。「金鳥の夏、日本の夏」など、みなさんも覚えているものはあるのではないでしょうか。企業名、商品名を覚えてもらう絶好のコンテンツです。

現在でも、広告、特にネット広告で非常に関心が高いのがサウンドロゴです。

この項では、「ネット広告でも、長期にわたって認知を獲得できるサウンドロゴ効果は可能なのか」について考えていきます。

ここまでの章を振り返りながら、実践としての理解を深めていきましょう。

「牛乳石鹸」の例を振り返りましょう。「牛乳石鹸」と呼ばれるもののパッケージについては、多くの人は、「これ、牛乳石鹸だよね」と答えるでしょう。しかし、正解は「カウブランド赤箱」です。実は、パッケージには、はっきりと「赤箱」と商品名が書かれているにもかかわらず、正答が思い浮かばない原因は、もちろん、長く親しまれてきたＣＭにあります。このＣＭのためにつくられた「牛乳石鹸の歌」の「牛乳石鹸、よい石鹸」というフレーズは、強烈に多くの消費者の記憶にあるからでしょう。この曲は1956年から近年まで使われていました。

CMで触れられていた「牛乳石鹸」は商品名ではなく企業名だということはすでにお伝えしました（正式には牛乳石鹸共進社）。問題は多くの人がそう認識していないことです。

実際、私が友人にこの話をすると「牛乳石鹸って花王の製品だと思っていた」、「ライオンじゃないの？」という反応が少なくありません。つまり、「牛乳石鹸」は広く認知されているにもかかわらず、皮肉なことに商品名としても企業名としてもどちらも間違って認識されている状況が生まれています。

では、なぜこうしたことが起こるのでしょうか。

この例に関して言えば、商品名、社名、楽曲などの用い方について、それぞれが少しずつ誤解を生んでいるのですが、注目すべきは、そうした誤解が国民的な認知にまでなってしまったことです。そして、見てきたように、それはいまや払拭不能なレベルにまでなっています。音の力はそれほどまでに強力です。

冒頭の問いに戻りましょう。

「ネット広告でも、長期にわたって認知を獲得できるサウンドロゴ効果は可能なのか」でした。結果から言うと、これは今の時代では残念ながら不可能です。

かつて、サウンドロゴ効果が得られたのは、ひとつのフレーズに対する「注意力」と「接触機会」を多くすることができたからです。かつての広告のフレーズが特別すごかったわけではなく、注意力と接触機会の掛け合わせで、消費者に非常に多い情報量が注ぎ込まれた結果にすぎません。

かつてテレビは技術的に、ほかの動画コンテンツとの競争もなく、決まった時間に番組もCMもずっと見せることができました。結果として、誰もがひとつの情報に対して、より多くの注意を注いでいました。

現在では当時とは比べ物にならないほど情報量が増えているので、相対的にひとつのコンテンツへの注意力は減少しています。インターネットやSNSなど、動画以外のチャネルも増えているので、結果的に接触機会も少なくなっています。

こうした環境変化の中で、かつてのようなサウンドロゴ効果を求めることは非常に困難です。これは音に限ったことではなく、視覚に関しても同じです。

ですから、これからの時代はかつてのように定期的にCMを流すなどして、消費者に認知してもらうという活動に取り組むのは、もう現実的ではありません。どんなに消費者に響くフレーズを考えても、環境としてもう不可能なのです。

広告の役割とは、新商品の発売などの必要な機会ごとに、いかに消費者の関心を獲得するか、必要な情報を届けるか、動機を誘発するかに移ったといえるでしょう。

ますます短くなるコンテンツの接触時間で、音は極めて重要な要素になっている

映像の広告には、多くの場合スキップ機能があります。

YouTubeを見る方は経験があると思いますが、コンテンツ視聴の条件として、コンテンツ再生の冒頭もしくは途中で広告が再生されます。何秒か見続けると、そこで広告再生をスキップできるボタンが現れるなどする、あれです。この5秒ほどの間、ユーザーは何をしているのでしょうか。みなさんにも覚えがあるかもしれませんが、多くの場合、スキップボタンを探しているでしょう。せっかく作った広告は見られていないのです。

ユーザーの視点を固定できないために、この問題は広告提供者を悩ませる最大の要因となっています。

一方、現在の音声広告は、何らかの形でコンテンツとセットになって、カットされずに流れるのが一般的です。聴き手は広告は飛ばせません。

Podcastや音声配信サービスがわかりやすい例ですが、既存のラジオ広告を思わせ

る形で提供されています。

ここは、映像広告特有の課題として、非常に重要な点です。映像は、消費者が見たくないと思い、目を閉じたり、その間スマホを見ないでおけば見なくていいのです。しかし、その間音声は聞こえます。スキップ可能になるまでの間、音声はユーザーに向かって流れ続けます。ここに音声の重要性があります。

つい最近まで、ネットメディアでは、視覚と聴覚はそれぞれ別のメディアでした。音声のない、見るだけの動画もかなりありました。

しかし、動画には音がどんどんつくようになり、映像メディアでの有音率は上昇し続けています。YouTubeの有音率は90%を超えているといいます。かつては音が一切なく、字幕を流す形式も目にしましたが、姿をほぼ消しつつあります。TikTokに至っては音ありきのSNSだと言えます。もう、音なしの動画は考えられません。また、第3章までで見てきたように、視覚と聴覚のふたつが統合された新たなコンテンツ「メディア体験」が生まれてもいます。

ここでは、いかにユーザーに届くかの映像広告の作り方を見ていきましょう。何度も言うように、「音声広告」の設計メソッドを使っていくところがポイントになってきます。

誰もが飛ばそうとする広告をどのように消費者に印象づけさせるか。その具体的な手法を見ていきましょう。

与えられた5秒というリミットをどう使うか

まずネットの映像広告を作る際に最初に決めなければいけないのは、スキップ可能になるまでの5秒ほどの時間をどう使うかという戦略です。スキップしたい人にも、その5秒間はその広告が無条件に流れ続けます。言い方を変えれば、どのつくり手にも最低5秒の猶予は与えられるわけです。

戦略としてはふたつあります。

ひとつは5秒の間に目的を果たしてしまうことです。スキップ前提で全力を尽くす作戦です。

もうひとつはこの5秒をいかに超えさせるか。つまり、後ろを見たい、と思わせ誘導する方法です。

タイムラインの構成の仕方

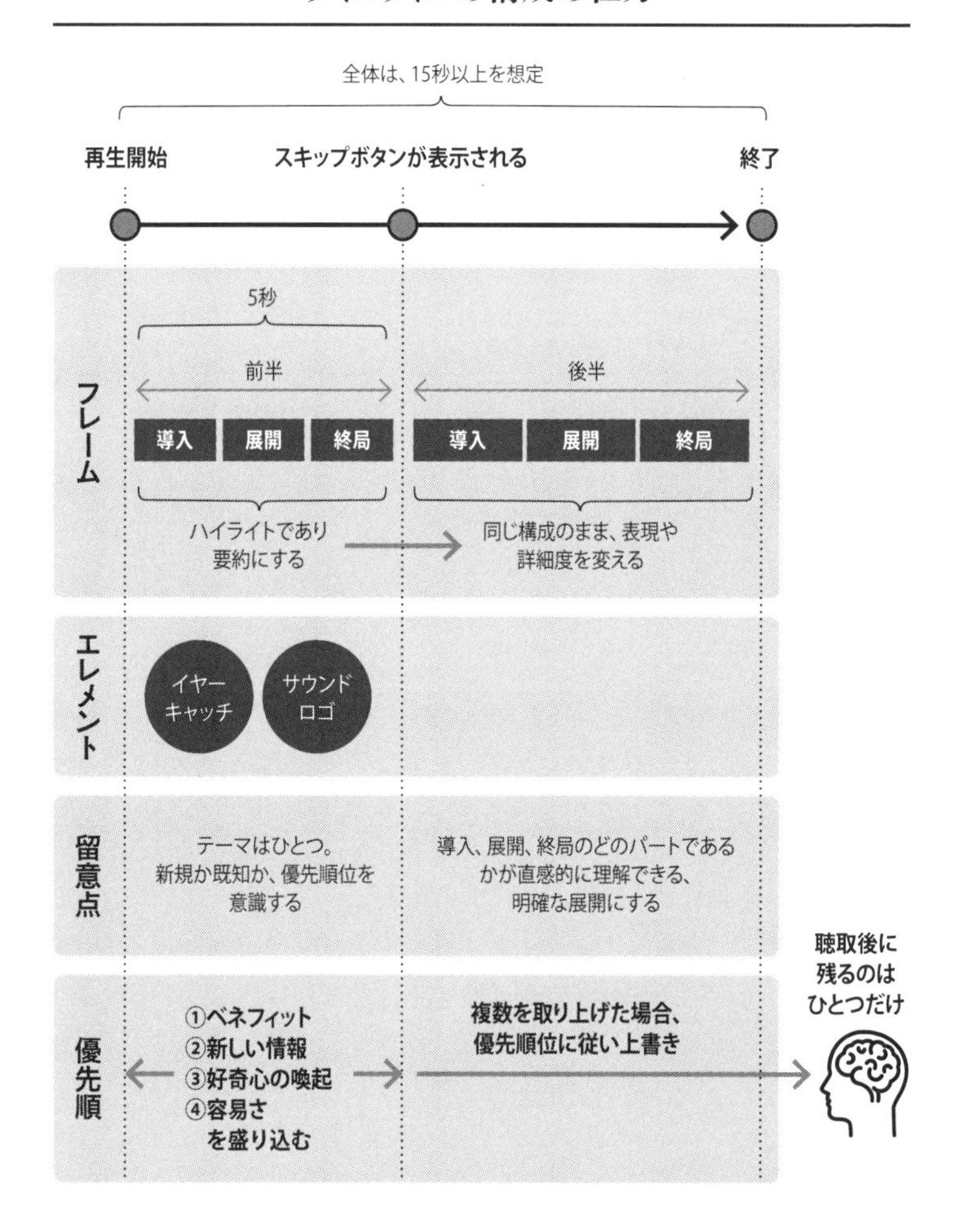

5秒は5秒、欲ばらない

まず、5秒のうちに広告を簡潔させるタイプから考えてきましょう。

ここで押さえておくべきは、与えられた持ち時間が5秒であるだけではなく、**ユーザーが「スキップボタンを押して視聴を終了する」ことを念頭に置くことです。**ボタンを押すことで完結するという構成が必要になります。

そう考えると、できることも目的もおのずと限られてきます。

動画宣伝の目的は、「欲しい」という動機を起こさせることだと思いますが、このわずかな時間でそれを行うのはほとんど不可能でしょう。つまり、この目的を達成するのは非現実です。

では、どうすればいいでしょうか?

そうなれば、狙うべきなのは「ブランド認知」が中心になります。他の場所でも広告を展開することを念頭におき、今作っている映像広告は「接触機会を増やすひとつの手段」と考えるのがいいでしょう。回数を積み上げることで、ユーザーの関心が増すのを期待する戦略です。今回の広告も接触を積み上げる1回となり、場合によっては既に積み上げられた関心が動機になって、どこかでクリックしてもらえるかもしれません。

では、そのためにはどのような設計にすればいいでしょうか。

イヤーキャッチで引きつける手法

動画ＣＭが開始された瞬間、ユーザーの視点はスキップボタンへ向けられます。当然、関心は向いていません。ここで、何かしら関心をこちらに向けさせる必要があります。さもなければ何の情報も伝えることなく5秒が終わってしまいます。

２０２1年2月、米国の掲示板型ソーシャルニュースサイトであるReddit（レディット）のテレビＣＭが話題をさらいました。ＣＭが流れたのは、アメリカンフットボール全米一を決めるスーパーボールの中継中です。

アメリカンフットボールは、世界で最も費用の高いＣＭ枠ともいわれていますが、同社はスポット枠を5秒だけ買い、無音の静止画広告を流しました。このＣＭは業界内での評価も高く、カンヌライオンズ２０２０～２０２1のソーシャル＆インフルエンサー部門のグランプリも受賞しています。

見逃されがちですが、この5秒の動画には、1か所だけ音がついているのがポイントです。それは、冒頭の砂嵐音です。いわゆる、テレビなどで何も放送していないときに流れる音です。これが視聴中のユーザーの注意をひきつけ、この後に異変が起こることを予期させたのです。

つまり、このCMが優秀なのは、ただ映像表現が斬新なだけでなく、**音声において注意を引くプロセスを用意周到に設計している点にあります。**

このように正常性を妨げることで注意を引く手法を「カットイン」と呼びます。ユーザーの意識をなんとかして向けさせようとするのではなく、常態をぶった切って、注意を引きつける手法です。

もともと、印象的な音で冒頭の注意を引く方法は映像メディアや音声メディアでも一般的です。

場面の切り替わりなどをわかりやすく伝えるために再生される短い音源をジングルと呼びますが、これは多用されています。とはいえ、こうしたジングルでCM再生前から続くユーザーの意識を中断させ、CMに関心を向けさせるのを完全にコントロールするのは不可能です。

というのも、特定の音には何かを生み出す力があるわけではありません。音の効果的なものは模倣され、ありふれた体験になれば効果を失います。音には流行もあります。つまり、慣れると「おやっ」と思わなくなるんですね。

特に、ネットの世界は模倣されやすく、廃れてしまうのも非常に短いです。情報数が増えた現在において、音の効果が持続しない大きな原因にもなっています。しかし、砂嵐音はそういった環境で、とても効果的に注意を引いた好例だといえます。

サウンドロゴは短くする

サウンドロゴが効きにくくなった時代だと言いましたが、そうは言っても、ブランド認知には欠かせません。そして、他社と識別してもらうためにも、明確で簡潔にあるべきです。

例えば、Netflix のサウンドロゴはきっとみなさんすぐ思い浮かぶと思います。Nのイニシャルとともに出てくる「ダダーン」という音ですが、この2015年の配信開始から使っているトレードマークのサウンドロゴは2秒もありません。情報数の多い今日のネット環境からすれば、3、4秒でもユーザーは長いと感じてしまいます。

陥りがちな落とし穴としては、イヤーキャッチ機能との混同があります。

イヤーキャッチとは「注意喚起」ですが、サウンドロゴひとつで、注意喚起とブランド認知のふたつの機能を持たせようとすることがよくあります。

このふたつを一緒にしようとすると、ロゴ自体で興味を引いて、かつブランドを訴求するプロセスも必要になり、サウンドロゴの尺が長くなってしまいます。こうした目的でつくられたサウンドロゴは、映像的にもサウンド的にも、二段階で構成された長いものになってしまいます。

また、イヤーキャッチ要素をそのままサウンドロゴとして利用している広告もあります。イヤーキャッチには、ユーザーの意識を中断させることですが、もちろんこれは、ブランド名を意識づけるという機能とは本質的にまったく異なります。興味を引く表現が、印象に残るとは限りません。そうなると、サウンドロゴの役割を果たせません。

また、これらふたつの機能を含もうとすると、意識を寸断させるために、CMの冒頭にしか置けないなど、配置場所が限られてしまいます。CMの表現は内容に合わせて柔軟に設計されるべきです。構成が縛られるのは好ましくありません。ですので、分けて考えることが大切です。

メッセージを届けるには「直感的」にわかるものにする

広告を設計する際に大切なのは、情報量を減らすことです。特に、冒頭5秒での広告を作る場合（イヤーキャッチやサウンドロゴを考慮すると実際はさらに短くなります）には、ますますどれだけの情報を盛り込めるかという発想は捨てなければいけません。たくさん入れてしまったら、最も伝えたいことも伝わらなくなってしまいます。むしろ、情報を捨てる発想に立つ必要があります。最も重要なのは、5秒というわずかな間に、ユーザーにとって、どのような体験がはじまり、そして終わるのかを具体的に設計する視点です。

ユーザーは、ある広告に対して、新規か接触済みかに大別されます。新規ユーザーに対してはサービスの特徴を知ってもらうのが最大の目的になります。しかし、前にもお伝えした通り、短時間で具体的な内容を訴求するには、ハードルが高すぎます。ですから、多くの場合はそのサービスがどのようなカテゴリーに属するか、ブランドスタイルはどのようなものかの提示がいいでしょう。

例えば仮想通貨の取引所が動画広告を制作する場合があったとします。まったく知識のない人に仮想通貨そのものを5秒で説明するのは難しいでしょう。この場合、目指すべきゴールは、その取引所は、知識がない素人にとって使い勝手がよいのか、玄人をうならせる利便性があるのか、どのような人へ向けたサービスなのかを示すことに絞るのが適切でしょう。

接触済みユーザーに対しては、広告を通じて、ユーザーがこれまでに見たり、聴いたりした経験を気づかせるしかけが求められます。「あれか！」という気づきをいかにして誘発するかが問われます。

ここで必要になるのは、伝える情報そのものではありません。

発信者側が情報を届ける取り組みを、「どのように」伝えようとしているかが重要になります。**細かい内容ではなく、直感的に伝えることが、ユーザー側にはブランドの理解として残ります。**そして、このために、時間的な短さから効果音を使うことのほうが多くなります。つまり、高い品質を伝えたいなら、クラシック音楽を用いるのか、カジュアルな商品だったらポップミュージックを流すのか、親密さを伝えたいなら、人の声を流すのか、といったことです。

いずれにせよ「内容」ではなく、「スタイル」がユーザーに伝わることが大切です。「箱」と「中身」ならば、「中身」よりもどんな「箱」かにこだわる姿勢が重要になります。

5秒に多くを求めない

すべての広告には、目的があります。ですので、ユーザーに実際に行動してもらうこと、つまり「契機」を提示する必要があります。

これが自然に行動を促すものだったらよいのですが、失敗をしたら、ユーザーの心証が悪くなります。広告制作者の行為を拒絶と感じたり、身勝手なふるまいと感じたりします。**広告制作者とユーザーの間には「コミュニケーション」があるのです。**そして、両者の間で始まったコミュニケーションは適切に閉じられなければいけません。

ネット動画広告ではランディングページに飛ばすなどの「クリックを押す」が契機

提示になっていることがあります。しかし、それは唐突です。これまで見てきた通り、短時間で購入までいくのは、とても難しいです。

ですからやはり、多くの広告提供者にとって、5秒の間だと、目的はブランド認知を徹底することが現実的です。認知してもらいたいブランド（サウンド）ロゴなどを聴かせることにしぼりましょう。欲張らずに、ユーザーに向け、スキップボタンを押すという契機を提示しましょう。

こうすることで、ユーザーは広告提供者からのサウンドロゴを聴く、というメッセージの終了を受け取れます。こうした手続きが、わずか5秒でもユーザーへの広告体験の提供を可能にするわけです。

スキップされなかったとして、どういう映像を作ればいいのか

ここまで、与えられた5秒間での戦略について見てきました。繰り返しになりますが、多くのネット広告にとってはこの5秒が主戦場なのは間違いありません。このように、広告はスキップを想定されて作られますが、その広告にも、もちろんスキップされなかった場合の展開が存在します。ここからは、スキップされなかった場合の「全部見られる広告」について考えてみましょう。

みなさんも何となくスキップボタンを押さずに、ネット広告を流しっぱなしにしたことが一度や二度はあるはずです。

先日、あるミュージシャンの「最近の若者は曲のギターソロをスキップする」というツイートが話題になりました。つまり、最初のイントロはもう誰も聴いておらず、いきなり歌を聴きたいというわけです。

実際に若者が曲の冒頭のギターソロをスキップしているかどうかは問題ではありません。真偽はともかく、こういったことが「ありそう」と話題になることが、現在の

コンテンツの大事さを語っています。スタートと同時に、本題に入ることが求められているのです。

かつて、ドラマの最初にはイントロの音楽が流れていました。しかし、ドラマの中盤に挿入される構成も増えています。

ですから、広告の世界でもイヤーキャッチ＞前メッセージ＞サウンドロゴ＞後メッセージのような構造は珍しくありません。この構造の場合、前メッセージがいわゆるハイライト、最も興味を引く部分になります。これをいちばん聴かせる設計を行うべきでしょう。

スキップボタンを超えた場合

ＣＭにはまったく興味がなく、別のことを考えているユーザーの意識を中断させ、関心を向けさせて、スキップボタンを押させない。繰り返しになりますが、これは簡単ではありません。

ユーザーの意識を中断させる確実な方法は存在しません。もし、何かが関心を引いたとしても、それはユーザー自身の都合に大きく左右されます。

例えば、暗号資産取引所のコインベースは、２０２２年のスーパーボール中継時に60秒のＣＭ枠を18億円かけて買いました。前述の Reddit の12倍の尺です。同社は、約1分間ＱＲコードをひたすら流しつづけました。1分間もＱＲコードを提示されれば、視聴者の中に何だろうと関心を示す人も少なくありません。実際にアクセスが集中して、サーバーがダウンしました。

これはうまくいったテレビＣＭの例ですが、仮に、広告提供者側が電話番号を伝えるために十分に長い時間を確保したいと考えても、それは広告提供者側の都合です。ユーザーのボタンをスキップしたい動機とは関係がありません。電話番号をただ流すだけでは誰もがすぐにでもスキップボタンを押すでしょう。ユーザーの行動を思いとどまらせるためには、コインベースのように十分な関心を引く必要があります。

それではどのように関心を集めればよいでしょうか。

スキップを防ぐために関心を集める手法としてはいくつかありますが、ここからは人間の認知にもとづいて見ていきましょう。**認知から考えると、広告内に優先して出すべき情報の順位がはっきりとあります。**

優先事項1：まず、広告内でベネフィットを提供する

最も優先して出すべきなのが、ユーザーの具体的な利益（ベネフィット）です。ベネフィットを得るときにリスクがなければより強く出すべきです。

当然ながら、自分が受け取れるベネフィットがあっても、それを理解するのが難しかったり、得るのに時間がかかったりすれば敬遠されます。つまり、簡単にメリットを享受できなければいけません。

幅広い業種で見られる「今だけ無料！」のようなフレーズがわかりやすい例でしょう。一時期、よくCMで流れていた過払い金返還請求の「払いすぎた利息が返ってくる」なども該当します。また、「知らなければ損」のようなフレーズも間接的なベネフィットの訴求になります。つまり、リスクに関する情報もベネフィットに含まれます。

いかにわかりやすく、負担を感じさせずにベネフィットを表現するかがポイントになります。ですから広告のつくり手は、ユーザーがベネフィットを感じられるかの表現に全精力を注ぐべきです。

優先事項2：新情報を提供する

今まで知らなかった情報も関心を引くのには有効です。ある新商品が登場したとします。その商品がもたらすメリットではなく（その場合はベネフィットにあてはまります）、その商品やサービスの存在自体がユーザーにとって価値がある場合に効果を発揮します。

例えば、日中はなかなか銀行に行けず、現金をおろす機会がない人に、ATMの稼働時間延長の情報が目に入れば「おやっ」と興味を持つはずです。ここでのポイントは、ユーザーは既に古い価値そのものについては理解ができていることです。それを踏まえ、新しい情報を簡潔に提供することが望まれます。

優先事項3：好奇心を起こさせる

優先事項の3は、好奇心の喚起です。

これは、ユーザーの何かしらの関心を満たす場合にあてはまります。ユーザーが、すでに何かに関心を持っていることが前提にあり、その前提知識を踏まえた表現が求められます。つまりは、新しさではなく、それに関心を寄せる価値について訴求する必要があります。

例えば、「そうだ京都、行こう」というＪＲのキャンペーンがあります。これは学生の頃に修学旅行で行った京都が大人になったらどう見えるかが意識されています。京都に対しては日本人は、何かしらのイメージ、つまり前提知識が多くの人にあります。**そうした前提を踏まえながら、見たときにはっとする新しい画像とコピーを添えることで、好奇心を喚起させるのに成功しているわけです。**

優先事項４：簡単さをアピールする

新しい体験というのは多くの人にとってはなかなか手が出ません。しかし、簡単に実行できそうなら、ユーザーは価値を感じます。

ユーザーが新しい体験に及び腰になってしまうのは、リスクを含めたコスト意識です。自分がこれをするだけの時間やお金（コスト）があるのか、損をしないのか、といった不安が取り除かれればいいのです。

これを取り払うには、ユーザーに新しい可能性を感じさせ、価値を提供することです。わかりやすい例が「クリックするだけ」、「LINE 登録するだけ」などです。

たくさん情報を入れれば入れるほど、何かしらは届く

これら4つは独立しているようでありながら、興味や関心をひきやすい順に概ね階層化されています。**最もてっぺんにあって優先されるのが①ベネフィットで、②新情報、③好奇心の喚起、④容易さの順に続きます。**これは、仮に広告制作者が「③好奇心の喚起」を訴えたいと考えていても、広告の中に「①ベネフィット」が含まれていれば、多くの人の印象に残るのは①だけになってしまう、ということです。

具体的に広告を作る際には、この4つを念頭におきましょう。そして、何をゴールにしたいのかを考え、階層を意識して広告の内容を設計するようにします。

ここで面白いのは、情報は必ず、人の頭の中でこれらの優先順位に基づいて並べ替えられ、そして原則、この番号順位の高い価値のみがユーザーに残る点です。人の興味や関心は、自分が無意識のうちに注意を向けたほうに必ず向かいます。メッセージは、すべて聴かれる（耳に残る）とは限りません。

例えば、広告でユーザーへのメインの訴求内容が「②新情報」でも、そのメッセー

ジに「①ベネフィット」が含まれれば、ベネフィットが認知対象として優先されます。そして、ユーザーに届くのはひとつの価値だけです。

「多くの情報を盛り込めばそのどれもを強く印象に残すことができる」という考えは大きな間違いです。ただ一方で、「多くの情報を盛り込めば、より多くのユーザーに届く可能性が高まる」のは間違いではありません。先ほどの優先順位はありながらも、厳密にはその人がなにを受け取るのかはコントロールがしにくいのです。

この4つを盛り込めば、対象となるユーザーの母集団は増えます。あえて、多くの人に届ける可能性に賭けて情報をてんこ盛りにする作戦もありといえばありなのです。

とはいえ、時間が限られた中でそれらをすべて盛り込めば、相対的にメインのメッセージが伝わる可能性は低くなります。**どちらが正しいかではなく、戦略としてどちらでいくかということは、はっきりと認識しておく必要があります。**

スキップボタンの広告なしの場合でも、問題は同じ

「スキップボタンの存在に惑わされたくない」

そう考える広告提供者もいるでしょう。費用をかければ、十分な長さの広告枠は確保できます。

もちろん、長い時間を確保しても、問題が解決するわけではありません。広告の時間を長く確保しようが、それはこれまで見てきた通り、ユーザーとは無関係です。

広告はユーザーのＣＭ再生前から続く何らかの意識を中断させて、関心を向けさせる必要があります。ブランドロゴを認識させ、認知の優先順位に基づいたメッセージを受け取らせなければいけません。

広告枠が長くなれば、これまで見てきたメソッドをすべて投入する必要があります。これができなければ、ユーザーはＣＭが流れていることにすら気づかず、何の情報も残りません。

長尺のCMにはフレームの構成が必要

加えて、長いCMの場合にさらに大切になるのは、「フレーム」です。ここに、ある程度の長さの文章があったとします。人間は長い文章を理解する際、情報をそのまま抽出はできません。**理解するためのガイドが必要です。**そのガイドとなるのが、「フレーム」です。構成などとも呼ばれるものです。

みなさんにわかりやすい例としては起承転結があります。ユーザーは、こうした構成を手がかりに文章から情報を抽出します。

動画でも、フレームを適切に設計するかどうかで、わかりやすさが変わります。もっとも広告は文学ではありません。起承転結の枠にカチッとはめずに柔軟に構成したほうがユーザーには響きやすいでしょう。

とはいえ、広告固有の構成の定型があるわけではありません。よく用いられるフレームは、全体を、導入、展開、終局のように3つのパートに分ける方法です。そしてこのパートをどのように使うかは、さまざまなCMを見ましたが、かなり自由に作っている印象です。

3つのパートに分ける方法の、代表的な例を見ていきましょう。

メッセージ内容の構成を3パート化する

まず、スキップボタンをユーザーが押すまでのパートを導入パートに据える例があります。続くメッセージ部分を展開パートとし、契機提示を終局パートとします。この方法にすると、全体をひとつのつながりとしてユーザーに印象づけられます。

別の方法としては、スキップボタン位置の前と後に、3つのパートのまとまりをそれぞれに置く方法もあります。この場合、メッセージは一度終了し、また同じ内容のものが再度繰り返される印象をユーザーに与えます。

スキップボタンまでで一度すべての内容を終わらせ、また同じ内容を繰り返すのは、ユーザーにくどいと感じさせるのではと思われるかもしれません。

しかし、ここで重複させているのはフレームの内容であって、演出ではありません。演出表現は変えることができます。そうすると、「経験量」は重複せずに、印象だけ強めることができます。こうした場合、ユーザーは不快に感じることはありません。

この先の動画を見せたい場合に役に立つのが音響効果

話者や音響効果などの演出で3つのパートに割る方法もあります。

実際の広告では、間を埋めるだけの必要のない情報が盛り込まれていることがよくあります。

こうした情報の密度のムラをユーザーにわかりやすく伝えることで、摩擦を減らし、コミュニケーションを円滑にする方法があります。つまり、「この先、このCMをあなたはきちんと見るべきだ」というメッセージを早い段階で伝えるというものです。

例えば、今、CMで解説しているメッセージが展開パートであることがユーザーに伝われば、後続する終局パートを予期させます。ユーザーにしてみれば、今わからなくても、「この先を聴けばわかるかな」とそれまで理解を保留できます。**つまり、聴きながらも、今は完全に理解しなくてもよい状況であることをユーザーに伝えられるといいのです。**

広告で伝えたい情報の質と粒度は、もちろんその広告によってさまざまです。ほとんど情報は持たないけれど、ユーザーの関心は維持したい、ということが目的の広告もあれば、特定の人に対してのみ意味のある詳細な情報を盛り込みたい広告もあります。しかし、どの広告も「次のパートを見てください」というメッセージを出すことは同じです。

こうした場合に音響効果は非常に役に立ちます。音響効果については、のちほど詳しく説明します。

4 / 2

【ドラマの作り方】想像の扉を開ける音声作品を作る

音声でドラマを構成する難しさ

私たちの日常にはさまざまな物語性を帯びたコンテンツがあふれています。みなさんが思い浮かべるのはおそらく映画やドラマなどの映像コンテンツでしょう。ここでは音声によるドラマを制作する上での手法について取り上げます。音声コンテンツを取り上げるのは、ここにはウェブに生まれている新しい「メディア体験」や、旧メディアが持っていない価値があるからです。

多くの人は音声コンテンツを、「映像のドラマとそんなに変わらないのでは」と思うかもしれません。

確かに、映像ドラマにも音声はついています。目をつぶって見ても、その音声だけで、おおよその内容は把握できるでしょう。ですから、音声だけの映像がないドラマを作る場合は、それをベースに音声を詳細に丁寧に作りこめば、より内容が伝わるのではないか。そのように考えがちですが、これは大きな間違いです。

現在、音声ドラマ専門の監督業という職業は私たちの知る限り存在しません。映像表現を専門にする監督が音声ドラマを担当することはよくあります。

その結果、私たちはこれまで、幾人もの映像監督の作る音声作品に関わってきましたが、その多くはあまり芳しい結果にはなりませんでした。

上手くいかなかった原因は、限られた時間と予算の中で、パイロット版もなしに、一発本番で制作が行われたことです。つまり、映像と音声におけるドラマの描写の違いについて十分に検討されないのが大きな原因です。この違いに対策できないまま、多くの映像専門家たちが音声ドラマに挑み、結果として、作るには作ったが評価を得るには至らない状態となっています。

この本の冒頭から言及してきましたが、コンテンツを考える上でのポイントになるのが、視覚と聴覚の認知が別物だということです。人間の音声認知を理解した上で「いかに伝わるか」を考え、構成する必要があります。特に音声だけのコンテンツはふとした違和感がきっかけで、簡単に離れ、聴くのをやめてしまいがちです。

広告の節では、人々の意識を寸断させて、動画そのものに関心を向けさせるテクニックを見てきましたが、ここで述べるのは、真逆の手法です。いかに人々の意識を切れさせないかのテクニックです。

ラジオドラマ制作の手法は、音声コンテンツはもちろん、複合メディアの時代、音声つきの映像コンテンツにうまく応用できれば、すばらしいコンテンツにもなるでしょう。それでは、一緒に見ていきましょう。

それは誰の目線か。視点を必ず固定する

音声ドラマを聴くことは映像ドラマを見たり、小説を読んだりすることとはまったく異なる経験です。聴く、見る、読むの違いだけでなく、決定的な違いがあります。そのことがはっきりと表れているのが、「視点」の違いです。

映像ドラマのシーンを思い浮かべてください。

例えば「半沢直樹」は半沢直樹の視点ではドラマは展開しません。映像ドラマは、

主人公も客観的に映し出します。第三者の視点から主人公たちを捉えて世界を描くのです。主人公の主観的な視点で進む映像ドラマは（一部の実験的なものを除いて）存在しません。

これは視覚が、「情報選択的」に働く特徴があるからです。

みなさんは、目に飛び込んでくる情報を、その都度自分で選択しています。例えば、「半沢直樹」で主人公の半沢が見ている映像を見させられたらつまらないですよね。頭取ばかり見ていたり、妻ばかり見ていたりされたら、不満がたまります。**私たちはどこを見るかを主体的に選びたいのです。**

キャラクターの本人視点で行うＦＰＳゲームも同じ主観視点です。しかし、この場合は問題ありません。なぜなら、何をするかをプレイヤーが選んで操作できるからです。

テキストで表現される小説は、第三者視点である場合も主観視点である場合もあります。ラジオは、この小説にいちばん近いと思われるかもしれません。ところが、こうした文学を音声ドラマにおいて再現すると、聴き手に不自然さを感じさせるケースが少なくありません。

その大きな原因となっているのが効果音です。

私たちがテキストを読む際は、主人公はどのように考えたか、何か音を聴いたとしたら、何を聴いたのかについて書かれたものを読みます。主観の固定した体験を聴いているわけです。

しかし、音声ラジオで小説そのままの音響効果を加えると、おかしな状況がうまれます。「主人公が自分でどのように考えたか」について私たちは聴き取ります。と同時に主人公が実際に聴いた音も直接聴くことになります。つまり、この体験には間接と直接が混じってしまうのです。

例えば、小説の中で寺の鐘の音を聴くのは主人公です。それなのにラジオで寺の鐘の音を加えると、私たちが寺の鐘の音を直接聴いてしまいます。**本来ならば、寺の鐘の音を主人公がどのように体験したか、それを客観的に知ることが必要です。**直接的に鐘の音を聴くことなしに、主人公の体験を「体験」することが必要なのです。しかし、音声ドラマの場合、これは不可能です。

効果音を用いない朗読劇では、このズレは生まれません。ですから、朗読劇は作品鑑賞の体験として成立しやすく、普及しています。しかし、音声コンテンツでは、効果音を用いないわけにはいきません。

このように、音声ドラマを作成しようとすると、映像とも朗読とも異なる、音声独自のコンテンツ設計が必要となります。

これらはこれまで「演出」のひとつとして語られがちでしたが、演出以前の「ちゃんと聴けるものになっているか」という土台そのものです。これは、音声認知そのものであり、これらをふまえないといくら演出を施そうが聴き手の耳にはまったく響きません。**少しでも「これ、なんか変だな」と感じたら、ユーザーはもうラジオドラマからは離れてしまいます。**

耳は絶対に固定して、世界のほうを動かす

主人公の第一人称、つまり「私」でコンテンツを語る場合は、すべてのシーンで、**主人公が作中世界で体験すること（身をもって経験したこと）を描かなければいけません。**このことはコンテンツの設計において最優先事項になります。いかなる演出もこれが破綻しないようにすることが条件になってきます。このようにユーザーの目線と主人公の目線を重ねることを私たちは「主格間同期」と呼んでいます。

主人公と聴き手が同じ目線になることで、作品の世界がどういう世界か想像しやすくなります。

例えば音響効果については、原則主人公が作中世界の中で体験する音のみを盛り込みます。一般的なドラマ演出では、描かれるシーンのシリアスさや愉快さを演出する目的で、ＢＧＭやＳＥ（サウンドエフェクト、効果音）を使うものです。

しかしこれらは、脚本家の観点、つまり第三者の外側の視点から聴き手に状況を理解させるための工夫です。主人公の意識と一緒に、内側からリスナーに状況を理解させるものではありません。

もし不穏な雰囲気を出したければ、作品の中の風の音などの自然音や環境音で雰囲気を伝えるように努めましょう。**現実世界にない音が流れると、聴き手は「どこからこの音が鳴るんだよ」としらけがちです。**したがって、BGMを用いた演出は、原則、採用しません。

もちろん、流す音楽が作品の世界の中で、例えば、主人公自身がある場所に流れる音楽を聴く＝「体験」する設定であれば、排除する理由はありません。主格間同期が果たされる限りは、主人公の息遣いや鼓動音をユーザーが聴くことも演出することは可能です。重要なのは、主人公が体験したかどうかです。音の使用については、主格間同期を維持することが欠かせません。

ここでのポイントは音を聴いている中心が聴き手の耳であるように設計できているかにあります。これができていないと、聴き手は作品の世界が把握できなくなります。

例えば、自転車に乗って移動するシーンを描写する場合は、周囲の音をただただ流せばいいわけではありません。**音が前から聞こえてきて、横で大きくなって、後ろに抜けていくようにつくります。**これを連続させると、主人公が自転車で前に進んでいる光景が鮮やかに想像できます。

現実世界では私たちは動き回れます。私たちが動くことで世界の見え方は変わります。

ところが、物語の音声の世界では当たり前ですが、主観視点であっても聴き手は動けません。主人公が動くのではなく、世界を動かすことで、聴き手が動いたように錯覚させる設計が求められます。主人公の耳を固定する。これが音声ドラマでの根源的なメソッドになります。

主人公とリスナーの重なりを維持するのが大切

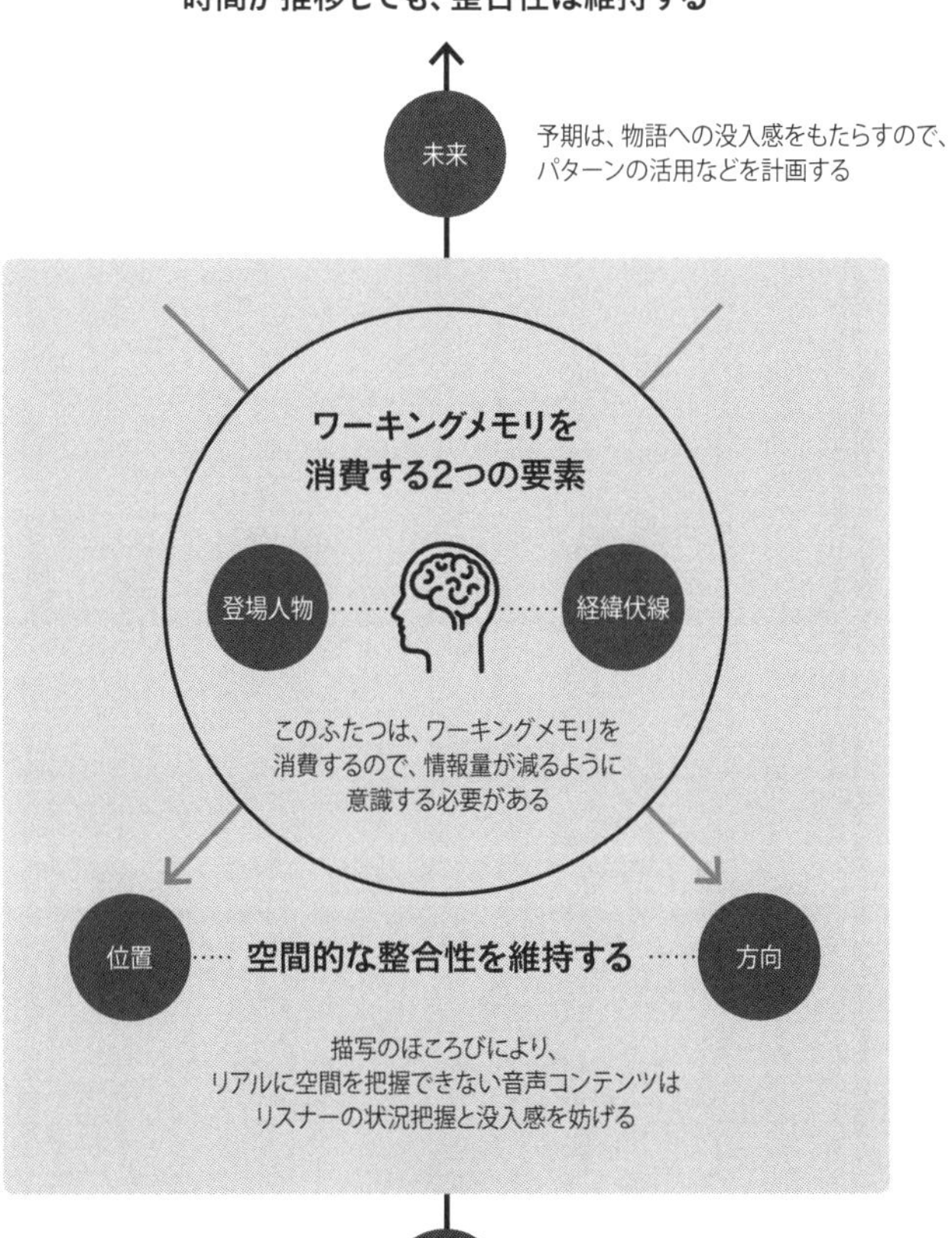

登場人物は5人を超えると混乱する

音声ドラマが最も苦手とするのが、登場人物の区別です。視覚で見ればすぐわかるものを、音のみで説明しなければならないのは難しい作業です。

特に同時に複数人が登場する場合、進行上のわずかな綻びから、今話しているのが誰なのか、この場面に誰がいるのかの区別を表現するのは難しいです。

このため音声のみのコンテンツには、登場人数の上限を知っておくことが大切です。目安として以下のようなイメージです。

・一場面当たりの「登場人物数」は、主人公を入れて、最大3人
・物語全体のキーとなる「登場人物数」は、主人公を入れて、最大5人

ストーリーに影響しない野次馬はここには含まれませんが、キーパーソンの人数が5人を超えると聴き手にとって物語の理解が格段に難しくなると覚えておきましょう。

リスナーが、登場人物を区別できるようにする

以上を踏まえて、登場人物の区別がとても大切なことがわかったと思います。登場人物には、最初からきちんとした設計が求められます。登場人物の区別には、大きくふたつのポイントがあります。

1：登場人物に似たような人を作らない

まず、登場人物について、年齢、性別などの違いがあれば、区別しやすくなります。声質も違うほうが聴き手への負荷は減るでしょう。

同じ性別や年代のグループを登場させる場合は、人物像の口調などもはっきりと設定する必要があります。性格を踏まえた口調です。

もちろん、声色が明らかに違えば聴き手も区別できますが、登場人物の声色とその人物設定を結び付けて記憶することは、なかなか簡単ではありません。特に若い女性は声質での判別が難しいです。人数が多くなれば、やはり、それだけ人物を区別する

ことも難しくなります。

しかし、区別させるために演技が大げさになっては不自然です。登場人物の設定はシナリオにも影響する内容であるため、事前に十分に配慮して計画しましょう。

2：呼びあてをする

ふたつ目は、相手の名前をどんなタイミングで呼ぶかです。

発話する際、どの登場人物に向けた発言なのかがわかるように、名指しする方法があります。発言する度に名指しをすると不自然ですが、要所で適切に呼びあてすれば、驚くほど効果的です。

映像ドラマでは、これがわかるよう、会話の最中に顔を抜いたショットを挟むことがあります。呼びあては同じ効果があります。

余談ですが、このことは、私たちがコンテンツに触れている際に、いかに外部から情報を補完されなければ状況を見失うかを示しています。呼びあては、聴き手の負担を軽くし、意識を切れさせないためにも非常に有効な手段といえます。

この先を「予想」させることができたら、逆に聴く気が起こる

映像ドラマでは、繰り返しは、冗長で稚拙な表現として敬遠される傾向があります。ですが、音声に関しては一概にあてはまりません。

例えば、映像ドラマの場合、オフィスで上司が部下に「今月の売り上げについて調べろ」と言って、部下がパソコンをカタカタいじっている姿を映せば視聴者は何が起きているかを理解できます。

音声ドラマの場合、「調べろ」と上司が言って、カタカタ音がいきなり流れても聴き手は何が起きているかをすぐには把握できません。これが、上司の指示の前にカタカタとした背景音が入っていれば、この上司は何かを調べている人の近くにいて、物を頼んだと理解できます。

作品世界の聞こえる音を事前に聴かせてあげることで、聴き手を置き去りにせず、次の展開を予期させ没入させた状態を維持できます。

音声コンテンツの場合、繰り返しは、次に何が起きるかを聴き手に予期させます。

この予期が正しいと聴き手のコンテンツへの関心は高まります。また、事前に次にもたらされる情報を受けとめる準備ができ、わかりやすさを感じさせる効果もあります。

直感的に理解させることができる「サウンドサイン」を使う

聴き手は、自身のこれまでの体験で、特定の音に対して特定のイメージを思い浮かべます。これらは、プライミング効果と呼ばれるものでしたね。あらかじめ受けた刺激(情報)で行動が無意識に影響されるというものでした。このような音は広告やマーケティングの世界では広く使われていますが、特定のイメージを想起させる音は、サウンドサインと呼ばれ、さまざまな表現に用いられています。

例えば、「パチパチ」という焚火の燃える音でどのような光景を想像しますか。おそらく多くの人は、周囲が暗く、焚火のまわりだけが明るい場面を思い浮かべたはずです。パチパチだけで聴き手に何の解説もなしに特定の場面を想起させられるわけです。

また、フクロウの鳴き声もこのような効果がありますね。暗い場面を想起させ、同時に「聴き手=主人公」を不安な気持ちにさせます。

より身近な例を挙げれば、ゲームなどに使われる電子音はよくできています。ポイントを獲得したのか、失ったのかを、直観的に理解させせます。

このようにサウンドサインは、無意識のままに聴き手のコンテンツへの理解を進める作用があります。

音は「空間」も描写している

音によって、私たちは空間も把握しています。これは、聴き手がコンテンツを理解することに、とても重要な役割を果たします。

聴き手は、普段から空間の把握に聴覚も使っています。コンテンツ体験の際にも、同じように聞こえてくる音から作中世界の空間配置を理解します。

そのため、作り手の空間配置の正確性が不十分である場合、聴き手は混乱してしまいます。音による空間の演出は、登場人物の位置関係だけではなく、ドアや家具など、あらゆるものの配置が正確に表現されなければいけません。

主人公が作品の世界の中で聴いた音が何か表現されていても、主人公と音源の距離や、音源がどこに配置されているかによって、描写された状況の意味が大きく変わります。

例えば、引き戸が主人公の前で開けば、音源は主人公の前にあるはずです。左から右に動かしますから、音もそのように作らないと聴き手は世界に没入できなくなります。

舞台設定が室内ならば、部屋の大きさも考慮しなければいけません。３ＬＤＫかワンルームかで電子レンジのチンの音ひとつも聞こえ方は変わってきます。ワンルームなのにはるか遠くでチンが鳴っているような描写ですと、聴き手自身は明確な理由はわからなくても、違和感を抱きます。

スマートフォンの着信音もドラマではよく使われますが、どこで鳴っているかも重要です。ズボンやカバンの中を探す仕草を伝えておくのでしたら、音が籠もっていなければリアリティーがなく、聴き手の意識が途切れかねません。

これらの音響表現は現代のサウンド技術でしたら造作もありません。ですので、作り手さえ意識していれば簡単にクリアできます。こうしたちょっとした綻びにより、聴き手は作品世界から離れてしまいます。

主人公の場所で聞こえる音と主人公に聞こえる音の違いを明白にする

主人公と聴き手の主観を重ねた空間表現の際に注意が必要なのが、主人公がいる場所の環境音と、主人公が聴いている環境音の違いです。これらは同じではありません。主人公がいる場所の環境音とは、周辺の音やその場所を空間描写する音です。これに対して主人公の聴いている音とは、主人公が電話をしていれば、電話の向こう側の音になりますし、テレビを見ていたならばテレビの音声などの音になります。

映像ドラマや小説では、きちんと主人公の位置をわかるようにしてあるので、これらが混乱を招くことはありませんが、音声ドラマの場合は注意が必要です。

例えば音声ドラマで主人公が電話をしている場面を想像してください。そこでグラスの割れる音がした場合、聴き手にとっては主人公の部屋でグラスが割れたのか、電話の先で割れたのかのふたつの可能性を考えなければいけません。

このことは、音声では、空間表現がふたつの意味を持つことを示しています。聴き手は二か所の空間を同時に想像しますので、作り手にしてみれば、このふたつの空間の描写が意図的に可能になります。小説でいえば叙述トリックにあたるといえるでしょう。これは音声コンテンツ独自の表現領域といえます。

回想シーンはなるべく避ける

また、よく用いられる場面転換のひとつに回想があります。現在ではなく過去、また場合によっては、現在とは違った場所を描く手法です。これは、映像ドラマが大好きな手法ですが、これは音声コンテンツでは非常に厄介な手法です。聴き手にとっては現在地点から場面が変化したことがわかりにくく、混乱を招くだけの可能性があるからです。

例えば、『千夜一夜物語』（アラビアンナイト）を音声ドラマにすると、回想の難しさがわかるはずです。

『千夜一夜物語』はペルシアの大臣の娘シェーラザードが王様に大小数百の話を語るというのが大枠です。王様は妻に裏切られた復讐から、一夜をともにした女性を毎日殺していました。シェーラザードにその順番が回ってきたとき、彼女はおとぎ話や伝説などを王様に毎晩聴かせ、夜が明けるころになると、続きを聴きたければまた明日話しましょうと自らの命を守りました。そして毎晩、話を続けて3年近くが過ぎたころには、王様の女性への不信感も消えたという話です。

『千夜一夜物語』がなぜ難しいかというと、おとぎ話や伝説の場面と王様とシェーラザードの場面で、音声だけでは主観が同期できないからです。

話し手のシェーラザードに主観を置くと、おとぎ話や伝説を語るときの主観は、また変わってしまうので描写に困ります。一方、おとぎ話や伝説の主人公を主観に固定すると、王様とシェーラザードの描写が難しくなります。描写したところで私たちの認知の構造上、理解が追いつかなくなり、世界の広がりがつかめなくなります。

このように回想シーンは、想像の世界に何度も意識を飛ばす必要があり、聴き手の負担が大きくなります。音声では可能な限り避けるべき手法といえます。解決する方法としては、登場人物の台詞による方法がとられることが多いですが、限界があるでしょう。

ナレーションは読者を混乱させるだけ

小説には台詞以外のテキストが存在します。地の文です。小説全体にわたって状況の解説を担う役割を果たしています。

音声ドラマを作成する場合、こうした地の文のような役割を果たすべく、ナレーションを採用するケースがあります。**しかしながらこれも、できる限り避けるべきでしょう。**

理由としては、視点がぶれるからです。主人公視点でストーリーが進んでいるところに、ナレーションが「天の声」として入ると、聴き手の注意が切れてコンテンツへの没入を妨げる原因になります。

ナレーションは場面転換などを手短に説明するためにはとても楽なのですが、その役割はもう捨てて、聴き手に理解させるための工夫はほかに求めましょう。

例えば、教会や体育館などの大きな施設の中から主人公が外に出たとします。大きな建物の中での会話と屋外での会話では反響音がまったく異なります。ドアなどを閉める音の後に会話が反響しなくなれば、聴き手はナレーションがなくても主人公が室外に移動したと理解できます。

ほぼ同じ理由で、主人公のモノローグ（独白）も避けるべきです。

モノローグは、主人公自身の内観をテキスト化したもので、主人公の考えを地の文で記述したものです。一方で、音声コンテンツの主観の世界は主人公が聴いた音を聴き手が耳にすることで成立しています。ですから、主人公の独白を聴くことは、視座の二重化になってしまい、また聴き手が混乱します。

コンテンツは20分が限界

さて、映像と音声の、最適なコンテンツの長さはどのくらいでしょうか？　まず、このふたつの最適な長さはまったく異なります。

映像コンテンツは、視聴者が画面上の要素の中から、自分の見たいものを選択的に取り上げることを前提とした情報構造になっています。そのため、ひとつのコンテンツを視聴しながらも気を散らせることができるので、長時間の視聴が（コンテンツの目的に集中できるかとは無関係に）可能なのです。

一方、音声コンテンツは、特定のトピックス1点について情報を提供する形になります。**聴き手がしっかり集中して聴かないと理解できない、意識の集中を強制せざるをえないインターフェースともいえます。**

この強制力は、学習効果の高さにときに結びつきますが、聴き手にとっては映像以上に疲労を伴います。

また、認知とは別の問題もあります。**私たちが音声を聴いている時間がないという問題です。**音声コンテンツの利用は通勤・通学時間や就寝前などのスキマ時間があてられることが多く、必要以上に長いコンテンツは敬遠されがちです。

以上の2点からも、コンテンツの長さは15分から20分程度が適切といえるでしょう。これ以上の長さになる場合は、複数回に分けて提供するなど聴かせる工夫が求められます。15分から20分を想定して、情報をつめこみすぎない優しい設計が重要です。

伏線も聴き手には負担になる

映画などの映像コンテンツも、小説のようなテキストコンテンツも伏線がつきものです。「ああ、あれが伏線だったのか」と見終えたり、読み終えたりして納得する人も多いはずです。伏線は物語の面白さを増すのに欠かせないしかけですが、音声コンテンツの場合でいうと、負荷になります。

人間は音声を認識し、理解するときに「ワーキングメモリ」と呼ばれる短期記憶を使うことはこれまでもお伝えしました。ワーキングメモリとは、脳の作業台のようなもので、そこにさまざまな「現在認知しているもの」を置きます。そうして、そのワーキングメモリの作業台の上に置かれたものを手掛かりに、自分の記憶にアクセスし、何かを考えています。

しかし、**「ワーキングメモリ」は容量が小さいために、多くのことを一度に置くことができません。** 人間は、多くの音声情報を記憶できないのです。

ですから、脚本に伏線となる出来事や情報を配置し、それを回収する場合には、「伏線があった」ことを聴き手に反復して思い出させ（知らせ）、「ワーキングメモリ」の負担を軽減する工夫が不可欠になります。

例えば、伏線として、メインストーリーと並行して展開するサブストーリーを設定する場合は、物語が複雑になりすぎないような配慮が必要でしょう。聴き手が覚えておかなければならない事項を少なくするだけでなく、覚えておく時間も短くする工夫が求められます。

物語のキーとなる事柄以外の出来事については、次の展開に持ち越される分量が減るように、個々の出来事を可能な限り短時間で収束させるのが効果的です。

伏線の回収が遠くなる場合は、どこかのタイミングで伏線に言及し、聴き手に思い出させたり、忘れさせないように配慮することが必要になります。

また、伏線を回収する際に、先行した伏線について、どこの何であったかについて言及するのも効果があります。情報量が多い環境で、特定の出来事を聴き手の記憶にとどめておくことは困難だからです。

おそらく、みなさんは「そんなに説明したら伏線と気づかれる」と思われるかもしれません。そして、残念ながらその通りです。

つまり、音声コンテンツの場合、伏線であると気づかせずに、何度も言及しなければいけない高等テクニックが必要です。

ですから、どうしても冗長で、本来の伏線の意味での面白さに欠けがちです。勘の良い聴き手には、伏線であると気づかれてしまい、機能しなくなることも珍しくありません。そこを踏まえて、伏線を用意しましょう。

より直感的にわかることが音声では大事

これまでも繰り返し述べてきた通り、音声コンテンツでは、情報量をいかに減らすかが勝負です。たくさんの情報を盛り込むとリアリティーは増します。しかし、聴き手としては作品の世界観は逆につかみづらくなります。

例えば、音声で観光コンテンツを作ろうとしたとします。作るときに資料がある場合、これに記載された情報をコンテンツにすべて盛り込もうとすることがよくあります。こうしてでき上がったコンテンツは、長いだけでなく密度が濃すぎてしまい、聴き手は、きちんと聴いていたとしても何も頭に入ってこない状況に陥るでしょう。

音声コンテンツとは関係ない解説的なテキストは、一般的に、簡潔に重複なくできるだけ多くの情報を、論理的な構造で記載したものが良いとされています。しかしながら聴覚で体験する場合では、より直感的なものが望まれます。

伝えるべきは情報量よりも体験であり、聴き手にそのことが伝えられるかが重要です。

数値的なスペックではなく、その場所の出来事や意味を聴き手がどのように受けとめればいいかという価値について焦点を当てるべきです。

例えば、ドラマで主人公が30メートルの断崖絶壁の崖に立っていたとします。映像なら、見れば一目でどのような崖かわかりますが、音声では説明せざるをえません。「30メートルの崖」といっても、多くの人には一瞬では高さや怖さは伝わりません。むしろ、「メチャクチャ高い崖で足踏み外したら絶対に死ぬ」と伝えたほうが、聴き手は情景が想像できます。

聴き手に対しては、情報よりも意味が重要になるのです。

音響効果——コンテンツを支える3つの音を知ろう

ここからは、台詞以外の音の要素について取り上げます。

私たちは、いわゆる音響効果について、緻密な設計を行う必要から、外界音、環境音、抽象音、楽曲音（ＢＧＭ）の４つに分けて取り扱う方法を採用しています。本項ではわかりやすさを優先して、特に環境音と抽象音を取り上げます。残った外界音と楽曲音は、次の節で取り上げます。

１∶環境音

環境音とは、主人公のいる場所の環境音、すなわち周辺の物の音です。

この音があることで、聴き手は作品世界の主人公がいる場所について知ることができます。前にも述べましたが、そのためには描写された空間の構造が正確でなければなりません。空間そのものと、そこに配置された物、人の前後関係が破綻していては聴き手に混乱をもたらします。

また、環境音は「空間の切り替わり」を聴き手に伝える役割も担っています。空間の切り替わりとは何でしょうか。

ひとつは、現実世界と作中世界の境界線です。もうひとつが、作中世界と作中世界の主人公が想像する世界との境界線です。

例えば作品の中で主人公が電話をしているとします。主人公にしてみれば電話の向こう側は想像するしかありませんね。

現実世界と作中世界の境界線については、ふたつの世界の混同を避けるしかけが必要になります。具体的には、適度にデフォルメされた自然音を用いて、リアリティを弱め、作中世界の特殊性をユーザーに伝える方法です。

もうひとつは、特定の音を思い浮かべさせるサウンドサインを利用して演出する方法が考えられます。サウンドサインとは、焚火の音のように、すでに自分が経験している音を使って状況を想像させる音でしたね。

作中世界と作中の主人公が想像する世界の境界線を伝えることは、作中世界内で描写される空間の違いを聴き手に理解させるために不可欠です。一般的には、より遠い場所の音、多くは主人公がいるのとは異なった場所の音について、ややエフェクトをかけて意図的に加工したもので境界をわかるようにすると効果的でしょう。

こうした異なった次元がある、と意識することで大分違います。それを踏まえた上で、意図的に設計する姿勢が重要になります。

2：抽象音

抽象音とは、いわゆる音響効果（音効）と呼ばれる音による状況描写です。環境音以外の音効を指します。「ズキューン」、「ピカーン」などがこれにあたります。

音のコンテンツでは、こうした抽象音がしばしば用いられますが、これはマンガ表現における擬音語、擬態語であり、実際の世界には存在しない音です。ですから、抽象音を用いての状況描写は、わかりやすく印象的である反面、ユーザーに創作の世界であることを強く認識させます。つまり、あまり抽象音を使いすぎるとリアリティが薄まり、ユーザーの作中世界への没入を妨げることになります。

「抽象音が必要だ」と感じた場合には、他の方法がないか、まず検討をしてみるべきでしょう。具体的には、環境音への置き換えや、サウンドサインの使用、アシスタントによる解説などを検討しましょう。

ここまで、認知的な観点から、どうすれば最良の音声コンテンツを作れるかお伝えしてきました。

大切なのは、作品の世界よりも先回りをして聴き手に次に何が起きるかを気づかせることです。

音による予期については説明しましたが、私たちは意識していなくても作品の次の展開を予測しています。むしろ、作り手は聴き手が作品の世界よりも先に次の展開を気づけるように構成を考えなければいけません。

「それでは面白くないのでは」と思われるかもしれませんが、むしろ予測できないといけないのです。聴き手を置き去りにしてしまっては、聴き手の意識は寸断されるからです。音声だけのコンテンツでいちばん恐れるべきなのは、聴き手の意識が寸断されることです。

わかりやすい例が謎解き物です。聴き手が答えに気づいて、少し間があって作品の世界の登場人物が気づくと、聴き手は「ほらね、思った通り」と納得し、その後の推理や謎解きに耳を傾けます。

また、このしくみを使うと音声コンテンツならではのストーリーも設計できます。聴き手にわざと間違った理解を与えることで、ドラマの終盤に大どんでん返しを設けられます。音をうまく使うことで聴き手に思い込ませたり、誤解させたりすることが可能になるからです。

例えば、主人公が実は多重人格だったという設定も可能です。主人公にだけリアルに聞こえる音があって、作品世界の他の人間は聞こえないという設定を終盤のギリギリまで引っ張れます。主人公にだけ聞こえる音があることで、主人公と周囲の話が少しずつかみ合わない伏線もいくつもおけます。

いずれにせよ、こうした演出が成立するには音声認知の方法論を満たさなければいけません。

4/3 インターフェース（情報の伝達）を設計する

わかりやすさこそすべて

ワイヤレスイヤホンの普及が後押しし、今後、ユーザーに音声で情報を伝えるインターフェースが一般的なものになることは間違いありません。

例えば音声ナビ。カーナビや博物館などの施設案内のナビはもちろんのこと、Siriやちょっとした案内など、身近なところで聴くようになりました。加えて、これからはAR（拡張現実）などテクノロジーの発達で体験型のコンテンツが増えます。そこには必ずナビ機能が必要になります。

音声ナビコンテンツの設計で最も配慮しなければならないのは、わかりやすさです。これまで見てきたように、音だけで何かを伝えるのはみなさんが思っている以上にハードルが高いことです。

わかりやすさを実現する上で最も気をつけなければいけないのが、コンテンツに盛り込む情報量です。ユーザーに提供する情報量が少なければ少ないほど伝わりやすくなります。

実は聴覚の、単位時間当たりの学習成果は、視覚を上回るとされています。ただ、コンテンツに触れた際に認識される情報量は、視覚に劣ります。視覚は「ぱっ」と見ていくつもの情報を得られますが、聴覚は同時には聴けません。このことから、大量の情報を音声で伝えるのが現実的ではないことがわかります。

人は、受けとった情報をワーキングメモリに一時的に置きます。**そして、ワーキングメモリの受容可能な量を超えた時点で、ユーザーは、コンテンツに対しネガティブな感情をいだきます。**つまりここで、わかりにくいと感じるのです。そうなると、関心を失います。つまり、ワーキングメモリを超えてしまった時点で、ユーザーは注意力を欠き、いわゆる「聴いていても理解していない」状態に陥ります。電話での音声ナビダイヤルが煩わしいのはこのせいです。

コンテンツを作るときに情報を取捨選択することは、当たり前の作業だと思われるかもしれません。しかし、いざ制作段階になると捨てられないのが現状です。

特に視覚コンテンツがすでに存在し、この内容を音声化しようとする場合、情報を盛り込み過ぎる傾向にありました。

この原因は、目で見るタイプのコンテンツが、視覚の特性として、選択肢を示す形になりがちだからです。例えば、観光パンフレットは、「最も重要なことがひとつだけ記されている」という形には、決してなっていません。さまざまな情報が盛り込まれており、ユーザーの多様な興味関心に沿う形式になっています。視覚コンテンツの設計では、伝えることよりも、選ばせることが必ず優先するのです。しかし、こうした視覚情報をすべてテキスト化して読み上げればどうなるでしょうか。当然ユーザーのワーキングメモリーの許容量を超えます。

ですから、音声コンテンツの設計時には、ユーザーが「選ぶ」情報を揃えるのではなく、むしろ、音声コンテンツをどのような情報を「得る」体験にするかについて考えるべきでしょう。コンテンツの価値を、情報量の多さや網羅性に置くのではなく、体験をすることを拡大していくものにするという姿勢が求められます。

いいナビゲーションとは、「主観の維持」ができていること

ナビゲーションで特に重要になるのが、ユーザーの主観的な視点です。「ユーザー視点」という使い古された言葉がありますが、実際のコンテンツのシステムの開発で、主観的な視点を維持するのは簡単ではありません。

ユーザーがナビゲーションから情報を受けとったとき、「どのように受けとめられるか」を念頭に置いて設計しましょう。

情報の伝え方によってはユーザーが制作者の意図とは違う解釈をしかねません。制作者のナビゲーション開発での最大のポイントは、ユーザーに勝手な解釈をする余地がないように、解釈の選択肢を極限まで減らすことといえます。そのためにはどうするべきかを、ここでは見ていきます。

「前後左右」の指示が実は難しい

ナビゲーションでよく使うのは、方向の指示ですね。しかし、「左・右・前・後」

などの言葉を使うには注意が必要です。なぜならば、主観体験を維持したユーザーにとっての正面は、右を向けば「左」となり、左を向けば「右」となるからです。

しかし、現在カーナビのガイダンスは右や左と言っていますね。カーナビで、こうした言葉を使っても問題にならないのは、指示の対象が、運転者でもナビシステムでもなく、車体であることについて暗黙の了解があるから方向が変わりません。これは、いわれてみればそうですよね。

一方、これがイヤホンなど体に装着するデバイスによるナビゲーションだったらどうでしょうか。「左」や「前」などの指示が不自然に感じられます。

現代の技術では、ヘッドマウントディスプレイのみならずワイヤレスイヤホンでもユーザーの頭の向きをリアルタイムに捕捉することが可能です。ですから、頭の正面に合わせて「左・右・前・後」の指示を柔軟に変化させることは技術的には可能です。ただ、まだスムーズではなく、指示をその場で作り直しても、遅延や不自然さを伴わずには実現できません。

こうしたことから、音声による方向の指示には注意が必要です。具体的には、「右」ではなく、「進行方向に対して右」のように注釈することがひとつの手段になりますが、すべての指示にこれをつけたら、ユーザーはかなり退屈に感じるでしょう。まどろっこしいと思うはずです。

対策としては、わかりやすい目印を発話中に用いるなどがあります。例えば、遠くにあるものを指したければ、「あそこの電柱」のように言うことができれば、方向を示す指標になります。遠い近いを基準にしようと考えられれば、「電柱の手前」のように指示対象が目印の手前であるのか、超えた向こう側なのかを示せます。

しかし、こうした場所固有の目印を用いるには、綿密な情報と検証が必要です。労力はかかりますが、ナビゲーションにおける多くの問題を解決する有効な手段です。可能であれば積極的に取り入れるべきでしょう。今後、技術がさらに進展すれば、リアルタイムで立地固有の表現が合成できるシステムも、実現する可能性は高いでしょう。

「ここ」と「そこ」を使い分けないとユーザーが置き去りにされる

場所を示す指示語として代表的なのが「ここ」や「そこ」です。

ふだん、そんなに気にせずに使っている言葉かもしれませんが、ナビゲーションを制作する際には厳密な使い分けが求められます。これは小さな問題に映るかもしれませんが、非常に重要なテーマです。

現在、音声ナビゲーションには大きくふたつのタイプがあります。すべてを知るガイドタイプとアシスタントのようなアテンドタイプです。

施設の案内のナビでしたらガイドタイプは施設の隅々まで知り尽くしている上で案内する設定です。一方、アテンドタイプはユーザーと同じで、初めてその施設を訪れる形だと思ってください。ユーザーは、無意識に、流れてくるナビによってこれを判別しています。

この2タイプで「そこ」「ここ」の使い方が変わってきます。これを間違えるとユーザーを混乱させ、聴く気をなくさせてナビの目的を果たせなくなります。

というのも、「ここ」は自分がよく知っている場所を指します。

例えば、あなたが足が痛くて医者に行ったとします。その際にあなたは医者に「どこが痛いですか」と聴かれたら「ここが痛いです」とおそらく言うはずです。「そこが痛いです」とは言いません。

ですから､ガイドが施設を案内する場合は､よく知っている場所=自分のテリトリーを紹介するわけです。なので、ガイダンスでユーザーに行動を促す際には「ここにきてください」となります。「そこに行ってください」にはなりません。知っている人がその場所を案内する場合は「ここ」になります。

ところが、現在のナビゲーションではごちゃごちゃになっている事例が少なくありません。制作者がその施設についてあまり詳しくないと、ナビを作っていても無意識に指示代名詞が「そこ」になりがちです。そうすると、大半のユーザーは直感的に違和感を抱きます。

反対にその場所を知らない設定のアテンドタイプのナビでは「そこ」になります。「そこまで行こう」となります。「ここまで行こう」とはなりません。

特に最近増えている体験型のコンテンツでは、これを間違えるとユーザーは没入できなくなってしまいます。

「あちら」、「そちら」は可能な限り避ける

「そこ」「ここ」はどちらも場所を示した語です。これらの言葉を使うためには、対象がどこであるかハッキリしていることが必要ですよね。では、「あちら」と「そちら」はどうでしょう。もし、会話の中で「あちらへ行かれるんですか」と言われた場合は、

あちらがどこなのか、それまでの会話から類推しなければいけません。「そこ」「ここ」は目の前にある言葉なので見ればわかるのですが、「あちら」「そちら」はその前の情報を覚えて類推しなければいけないのです。

音声ナビゲーションでは、このように、事前の情報を参照して理解しなければならない指示は、聴き手の認知の負荷を高めてしまい、わかりにくさを感じさせてしまいます。

知っている情報は前もって教えてあげる

コンテンツのシステムを設計するときにいちばんやりがちなことは、必要最低限の言葉だけで設計することです。しかしそれで作ってしまうと、非常に機械的な印象を与えます。目指すのは、聴いている方がより自然な体験に感じることです。そのためには、ユーザー体験の時間的な前後、すなわち過去と未来も含めた表現も必要になります。

代表的なものに「一旦」という言葉があります。

例えば「一旦ドアを出てください」と指示されたらみなさんはどう思いますか。おそらく、出たあと、再びドアを通じて戻る必要があるんだなと理解するはずです。つまり、指示と同時に将来の行動に関する情報も示唆されています。同じように、「もう一度ドアを出てください」には過去の経験を参照にした情報が含まれています。

このように指示内容の表現に過去と未来を加えてみたら、ユーザーの認知の負荷を引き下げ、つまり、理解がしやすくなり、円滑に理解できるようになります。

これが、「ドアを出てください」だけだとどうでしょう。時間的な幅について触れないと、ユーザーは指示を不自然に感じます。「一旦」をつけずにドアを出入りさせる指示を出すと、ユーザーの中には「同じことさせられているけど、私の行動は正しいのだろうか」と不安に感じる人が出てきます。

戻ってくることがわかっているのならば、それを伝える。**ちょっとした配慮でユーザーの情報処理は非常に楽になります。** これは非常に重要なトピックなので覚えておいてください。

不安にさせない「つながり」を維持する

ナビゲーションの制作ではコンテンツのシステムが「正常に稼働している」ということをユーザーが常に感じられるように配慮しなければいけません。

見落とされがちなことなのですが、ユーザーはコンテンツのシステムが正常に稼働しているか、自身がその指示通り行動できているか、常に不安を感じています。

この不安の解消手段として、ユーザーはシステムとつながっているかを確認します。この「つながり」が非常に重要な視点になります。

視覚インターフェースにおいては、こうした役割を、進捗インジケーターなどが果たしています。例えば、パソコンが作動しなくなったときに、砂時計が出るとほっとしますよね。これは、システムがビジー状態で入力を受け付けなくなったときでも、正常に処理している状態を示すために表示されています。

音声コンテンツでは「つながり」の表明のためにＢＧＭを用いるのが一般的でした。しかし、これはあまり効果的ではありません。ＢＧＭを継続的に流すと、非注意性盲目を誘発しかねないからです。

非注意性盲目は何度か触れましたが、同じ刺激が続くと慣れてしまって、反応が鈍くなってしまう現象です。例えばＢＧＭが鳴り続けた場合、ユーザーは初めは気づいても、やがてＢＧＭそのものの存在を意識しなくなります。こうした状態に陥ると、ＢＧＭだけでなく、音全体の反応に鈍くなってしまう恐れがあります。

こうした状態を避けるためには、例えば、ユーザーの些細な動作に反応するしかけを用意するのが効果的です。ウェアラブルデバイスであれば、頭を動かすたびに、邪魔にならない程度の反応音を流すなどして、動作が正常であるのを示すのも有効でしょう。

また、メッセージの設計段階で、正常性を示すメッセージを用意しておくとよいでしょう。ナビゲーションでは指示・警告などのメッセージについては間違いなく用意されていますが、正常な動作を強調するメッセージは見落とされがちです。

まっすぐな道を歩いていて、間違っていなくても「順調です」、「正常です」と今の動作は間違っていませんよと定期的に伝えます。ユーザーは不安になりながら歩いているのです。情報を与えることで、「もしかしたら間違っているかも」という選択肢をユーザーの頭の中から消せます。

繰り返すことでようやく理解できる

繰り返しも重要です。同じメッセージの繰り返しは、音声以外のコンテンツ制作では一般的には推奨されないということをこれまでもお伝えしました。繰り返しは、冗長さを招くからです。

ただ、音声情報は、聴き逃した際に内容の再確認が難しいです。そのためユーザーに繰り返しがあることを認識させられると、安心して聴けて、注意深くメッセージを聴きやすくなります。このことは結果的にコンテンツの理解しやすさにつながります。

例えば、右に曲がるときも、一回だけ「右に曲がります」というのではなく、何度も繰り返す設計が好ましいです。私たちの認知はおおざっぱなので、一回だと「曲がる」ことは認識できても、「右」か「左」かが意外に耳に残りません。ですから、何度も「右に曲がります」と繰り返し、右折したら「順調です」と伝えます。ユーザーをいかに安心させるかの設計が重要です。

アシスタントの設定と世界観設計

音声のナビゲーションの場合、メッセージの話者であるアシスタントが作られます。そして、これにキャラクター（人格）が与えられます。

このアシスタントのキャラクターは、ユーザーとメッセージを介してコミュニケーションする必要があるため、世界観を共有しています。ですから、どのような世界観を構築するかがメッセージの設計に大きく影響します。

今日では、カーナビのように現実世界を案内するナビゲーションだけではなく、AR（拡張現実）コンテンツのように、現実空間に重ねられた仮想世界があるナビゲーションもあれば、仮想空間そのもので完結する世界を舞台としたナビゲーションまでさまざまあります。ここではレジデント（住人）という概念を使って、これらを解説します。

これらも、ポイントは「不自然ではないこと」です。音声は、映像と違ってふとしたことで不自然さを感じてしまいます。そのために必要なのが、「現実世界」と「仮想世界」の区分けです。そのキーになるのがナビゲーションのアシスタントです。ナビゲーションが必要になる場合は、現実世界と仮想世界を組み合わせたいくつかのパターンがありますので、そのパターンごとに見ていきましょう。

1.現実世界を、現実世界の住人が案内する場合

まずは、設定される世界が現実世界であり、アシスタントが現実世界の住人である場合を見ていきましょう。現実の町並みをナビが案内するような形式です。

このとき、アシスタントはユーザーと同じ世界観、つまり両方とも現実世界の中の住人です。さきほどすべてを知るガイドと、アシスタントのようなアテンドと2パターンあることをご説明しました。このふたつのどちらかを設定することが、現実世界のナビゲーションではとても大切です。

現実世界でのナビゲーションとしては、かつては、ユーザーとシステムのやりとりに技術的に限界があったため、アシスタントはいわゆるガイドのような役割が中心でした。そして、アシスタントが一方的なガイドではなく、ユーザーに付き従ってくれるアテンドであることを自然に感じさせるためには、ユーザーのさまざまな状態に合わせて応えてくれる臨機応変さを持つ必要があります。

そのためにはシステムはユーザーの状態を把握する高度なセンシング技術と、それに柔軟に対応する技術も必要です。この技術が、これまではありませんでした。

しかし、現在ではまだ不完全であるものの、双方向的なやり取りができるようになったことで、キャラクター設定も、ガイドではなくアシスタントが増えています。かつてはナビゲーターと呼ばれていた存在が、アシスタントと呼称されるようになったのはこうした変化を踏まえています。

2：現実世界を、仮想世界の住人が案内する場合

次に、設定される世界が現実世界でありながら、アシスタントが別世界の住人である場合を見ていきましょう。ここから、アシスタントをする別世界の住人のことを「レジデント」と呼ぶことにします。

このときのキャラクターは、私たちの世界ではなく、多くの場合はマンガやアニメなどの作品世界に属しています。それらのキャラクターが観光地や施設を案内するコンテンツが代表例として挙げられます。名探偵コナンが上野公園を案内するナビゲーションなどがわかりやすい実例でしょう。

この場合は、まずレジデントがアシスタントとして付き従う状況について合理的演出が必要となります。コナンがなぜ上野公園を案内するかユーザーを納得させなければいけません。

メッセージの内容は、マンガやアニメなどの作品世界の出来事が、ユーザーと共有できることを前提に作られます。つまり、コナンの世界観を使って説明したり、案内したりします。それができれば、ユーザーから共感を引き出せます。

注意すべきは、これらレジデントも聴いているユーザーも、あくまでも現実世界にいるという点です。いくらアニメなどのキャラクターだといっても、**ナビゲーション中の行動は、あくまでも現実世界内での出来事だけにし、突飛なことは起こらないようにします。**現実世界と彼らの住む世界を切り分けて、ユーザーが体験する内容だけに触れ、作品世界の中の出来事は持ち込まないようにすれば、現実味が薄れることはありません。

3：仮想世界を、現実世界の住人が案内する場合

設定される世界が仮想世界であり、アシスタントが現実世界の住人である場合、つ

まりＶＲ（バーチャルリアリティー）の作り上げられた架空の世界をシステムのガイダンスが案内する形です。例えば、観光地で実際に歩きながら、仮想世界を重ねた体験などのことです。

ＶＲと言っても、現在の仮想世界とは、現実の世界をＡＲで拡張する体験がメインです。ＡＲとは、ポケモンＧｏのようにＣＧでつくられた３Ｄ映像やキャラクターなどを現実の風景と重ねて投影する技術です。

この場合、現実世界のアシスタントのほかに、仮想世界側のレジデントも何かの役割を担わせて登場させると、仮想世界の存在も補強できるようです。ふたつのキャラクターを用意しましょう。

このとき、ユーザーは現実世界と仮想世界を同時並行で体験します。

これは、演出的な効果というよりも、構造上どうしてもしょうがないからです。というのも、視覚、聴覚いずれの場合でもＡＲで実現した仮想世界を体験する際には、野外でのユーザーの行動の配慮や施設での安全を優先することが不可欠になるからです。

例えば、城下町を実際に歩きながら、ＡＲで戦国時代の舞台にして楽しむにしても、ユーザー体験中にユーザーは横断歩道を渡るなどの行為も必要になります。ですから、現実世界の視点でのナビゲーションも備えなければいけません。

この場合、ユーザーは現実世界のナビゲーションをアシスタントから受け、仮想世界のナビゲーションもまた別に仮想世界の住人から受けます。両者の役割の分担は、コンテンツの演出次第です。一貫性が保たれている限り自由に設計できます。

ただ、両者がコミュニケーションすることは避けるべきです。現実空間のアシスタントと仮想世界住人のやり取りを自由にしてしまうと、ユーザーは空間の切り分けが不明瞭になり、認知が混乱します。なので、このふたりは互いにやりとりすべきではありません。

例えばさきほどの例ですと、戦国武将が「横断歩道があるから気をつけろ」と案内するのは不自然なので控えるべきでしょう。ユーザーは「なんで戦国武将が現代の交通ルールを知っているんだ」と違和感を抱き、そこから音が頭に入ってこなくなります。

戦国時代のキャラクターは戦国時代の話を展開して、横断歩道に注意を促す際には現代のアシスタントが割って入って、注意喚起する。こうした区分けがないとコンテンツとして成立しません。

「それはそうだろ」と当たり前のように聞こえるかもしれませんが、実際の制作現場では、戦国武将に交通ルールを喋らせるような事例が頻発しています。

4：仮想世界を、仮想世界の住人が案内する場合

最後に、共有される世界が仮想世界であり、アシスタントも仮想世界の住人である場合を見ていきましょう。この場合も、仮想世界は現実世界をAR的に拡張したものです。そして、アシスタントがその世界観の住人であるとします。

アシスタントが仮想世界の住人、つまりレジデントであるとすると、世界観の一貫性を保つのは簡単です。3のように、現実世界のアシスタントのふるまいと、仮想世界のレジデントのふるまいを分けなくてもいいからです。

その一方で、ユーザーがその仮想世界を訪問する理由や仮想世界への導入にかかるナビゲーションを、レジデントが自然にできるかなどが課題になります。

4がいちばん難しく、この方式で矛盾のない体験を作り出せる場所は非常に限られます。また、これは仮想世界だけで完結してしまうので、屋外で試みるのは危険です。特定施設など、空間的に限定され、安全が確保された場合に限って行いましょう。

アシスタントと世界観の設計のイメージ

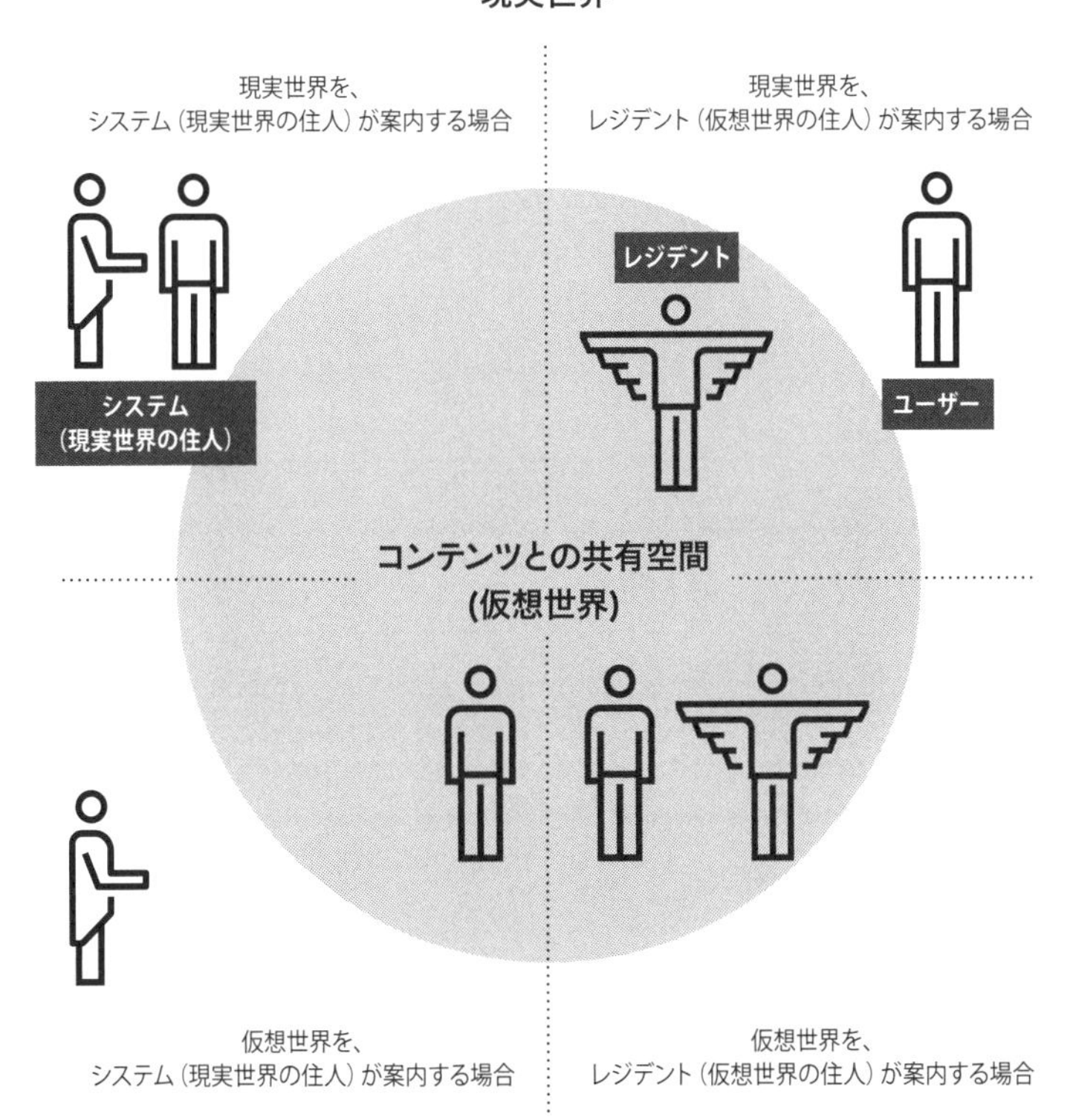

パターンごとに分けることがわかりやすいコンテンツの要

ナビゲーションで大切なのは、ユーザーに情報をすばやく理解させることです。そのためにはどうすればいいでしょうか。人の認知機能でいうと、「パターンを用いた学習効果」が有効です。

人間には、何かを理解するために、情報を無意識にカテゴライズする機能があります。この機能をうまく利用すれば、内容を円滑に理解してもらうことができます。具体的には、コンテンツにおける音やメッセージを、あらかじめ作るときに数種類にカテゴリ分けしておきます。こうすれば、聴き手の判別が簡単になり、理解が簡単になります。

こうすることで、ユーザーは聴くという体験をしながら、カテゴリに分けられた情報（パターン）を学習していきます。

各パターンの前に、それぞれ違う音のサイン（ジングル）をつける

何かを学習するとき、効果を高めるための手段として、音によるサインを用いる方法があります。

具体的には、メッセージのカテゴリそれぞれに、特定のジングルを付けます。音声広告でのサウンドロゴや、放送でのイヤーキャッチなど、いずれも利用局面は異なりますが、これらはすべて同じ効果があります。

カテゴリごとに決まった効果音を繰り返すとユーザーはこれからを予測するようになります。**ここまででもお伝えしましたが、ユーザーは次に注意を向けます。音の世界では「これから何が起こるか」を予想できると、**また、ユーザーはコンテンツを理解しやすくなり、ナビゲーションに対する信頼も強化されます。

こうした効果を期待するためには、用意されるサインのバリエーションは少ないに限ります。現実的に言えば、サイン音の種類は5つ以上に増やさないようにしましょう。

それぞれの音は、例えばジングルであれば、明確に聴き分けられるようにしなければいけません。またコンテンツの外に日常にある音との聴き分けが簡単にできる音が望ましいでしょう。サイレンや携帯電話の音などです。

例えば、コンテンツ内で携帯電話が鳴る音を使用した際に、ユーザーが実際に持っていた携帯電話の着信音と混同し、コンテンツへの没入を阻害したことがありました。誰もが知っている音を利用して、連想的に音の役務を理解させる手法は効果的ですが、思わぬ落とし穴もありますので、ここには注意が必要ともいえるでしょう。

メッセージには5つのタイプがある

ユーザーが簡単に情報を理解できるようにするために、コンテンツに含まれるすべてのメッセージをいくつかのカテゴリに分けることが重要だといいました。それも、すべてを「明確に」カテゴリに分けることが大切です。

カテゴリの種類については、少ないほど高い学習効果が見込まれます。一般的なナビゲーションを例として、以下の5種類のメッセージを解説します。

1：現在の行動に変化を求める場合

移動中のユーザーに対し、右折、左折などの指示や停止を求めるメッセージを出すときには、どうしたらいいでしょうか。

移動中のユーザーは、自分の行動をしている最中にはメッセージに対する注意力が低下しています。**そうした状態のユーザーに対して、メッセージは確実に伝わらなければ意味がありません。**このためメッセージは明確に提示され、ユーザー側でも「優先度が高い音」であると理解できるような工夫が必要です。

「意識をこちらに向ける」ためには、やはり音のほうが強いです。ジングルを明瞭なものにする、または、メッセージの繰り返しが有効です。加えて、予告のように、事前に伝えておくメッセージを用意するのも大切です。具体的な例としては、目的となる場所に到達する少し前にＢＧＭを開始し「何か始まった」と意識させておいて、そのＢＧＭをカットインする通知を行うことで、より強くユーザーの意識を引きつけるといったことがあげられます。

2：何もしていない人に、何かしらの行動を促したい場合

何もしていないユーザーに行動を起こさせるためには何をすればいいでしょうか。例えば、停止中のユーザーに対して、歩き出しを求める場合などです。

1の変化を求める場合とは反対に、このメッセージが流れるときは、ユーザーのメッセージへの注意は高くなっていきがちです。いわゆる指示待ちです。

とはいえ、**ユーザーに実際に行動を起こさせるために必要なのは、納得感です。**合理的な理由が必要です。

つまり、「歩き出せ」という指示だけではなく、具体的な「どこに向かってどうやって」などが必要です。どの程度の移動なのか、また目的地はどこで、どうした理由によるものかなど、**ユーザーに、行動に対する詳細を理解させなければいけません。**そこまで説明して初めてユーザーは動いてくれます。

メッセージの内容は当然、工夫が求められます。具体的には、その場所固有の目印、例えば「10メートル先の電柱まで」などのように示すと、メッセージへの信頼が高まり、ユーザーが行動しやすくなります。

3：現在の行動をそのまま続けてほしい場合

今度は、前に見たふたつとは反対に、ユーザーに対して行動の変化を求めないメッセージです。「そのまま続けてね」という場面です。

具体的には、目標に向かってユーザーが移動中である場合に、残りの距離を知らせるなどが挙げられます。この場合、ユーザーは動作を変化させる必要がないので、結果的にはほとんど聴き流します。

このメッセージは重要度が低く感じられるかもしれません。**しかし、こうしたメッ**

セージは、前に述べたようにユーザーとの「つながり」の維持のためにも不可欠です。

確かに、聴き逃しても差し障りのないメッセージですが、しかし実際に聴き逃した場合、ユーザーはこのままでも大丈夫かなどの不安を感じます。このため、比較的注意を引きやすいメッセージの末尾などに、「このまま」や「順調」などの言葉を盛り込むという配慮が必要になります。

4：ユーザーの行動以外の何かを言う場合

次は、ユーザーの行動に関わらないことや物へのメッセージです。具体的には、移動中の風景や名跡などの説明が挙げられます。

これもまた、3と同様、行動に変化を求めるものではありません。それだけでなく、現在の行動に関するメッセージでもないので、完全に聴き流しても問題はありません。むしろ、このメッセージは重要度が低いことをユーザーに理解させるのがいいでしょう。そうすることで、緊張を下げる働きがあります。

具体的には、このメッセージは冗長な語り口にわざとします。ユーザーに「これは、このまま聴き流していい内容だな」と理解させる訳です。この場合、背景にＢＧＭを使うのも有効です。BGMは緊張度を下げ、現状「これは冗長である」というメッセージを出す効果もあります。

注意点としては情報量に注意することです。ここでユーザーの注意を引き続けようとすると演出過多になってしまい、認知負担が大きくなります。設計段階で「内容よりも、むしろ雰囲気を楽しむためのメッセージで、内容は重要ではない」と意識して作るとよいでしょう。

5：警告を通知する場合

特別に重要なのが、ユーザーが指示もしくはルートから外れた場合に警告するメッセージです。単純なメッセージに思われるかもしれませんが、正しい方向、向きを失ったユーザーを音声のみでナビゲーションするのは簡単ではありません。

「ルートから外れています」と指摘するのは簡単ですが、ルートを外れたユーザーに正しい場所に戻ってもらうためにどう音声で伝えるかは別の問題だからです。

最も単純な方法としては、「ひとつ前の目的地に戻らせる方法」が考えられます。また、マップ表示などを用いて視覚の支援に頼る方法もあります。

メッセージの5つのタイプ

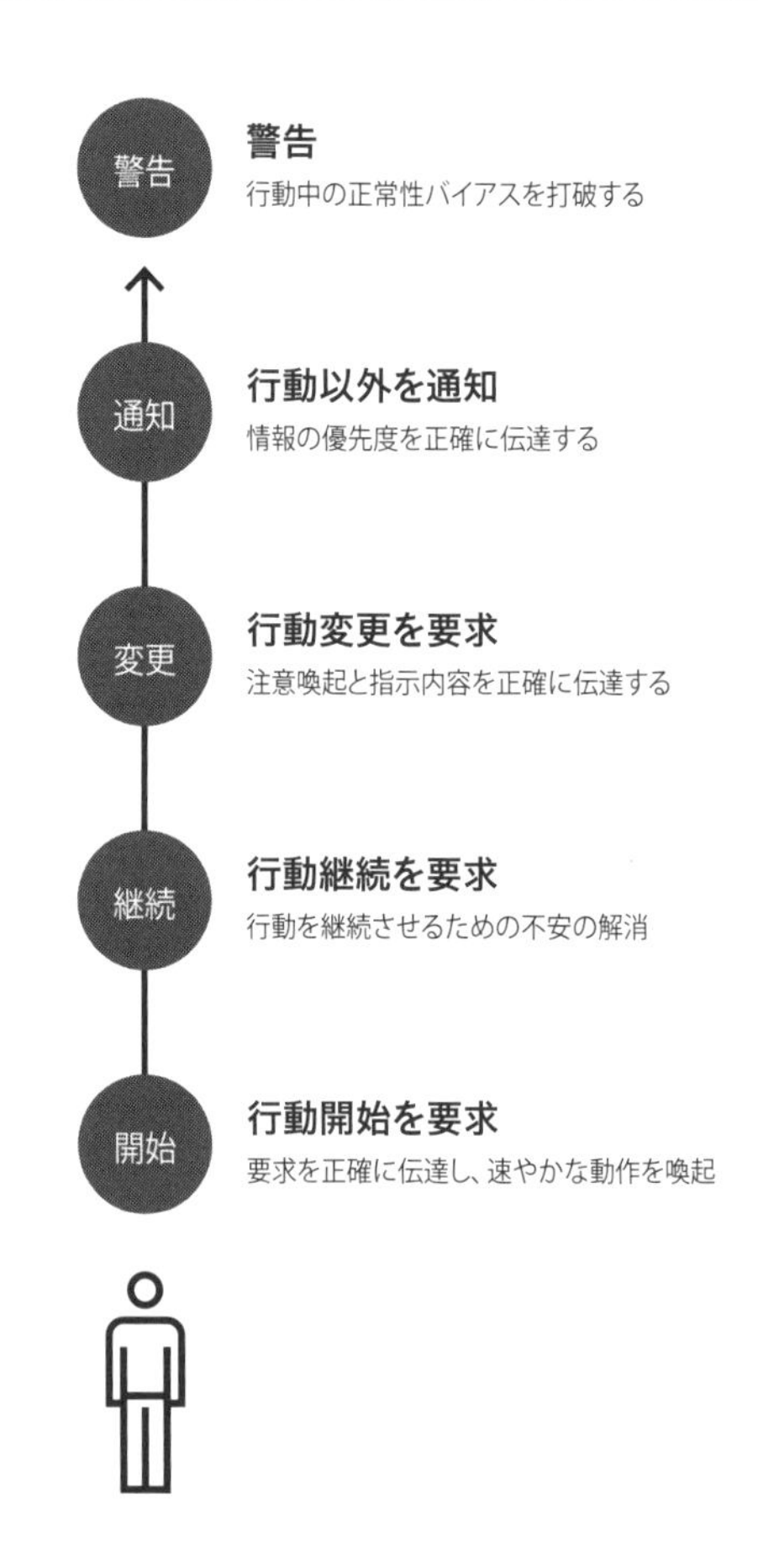

音響効果には役割がいくつかある

ナビゲーションでは、効果音やBGM、あるいは、コンテンツを聴いている最中にふいに聞こえてくる音なども大切です。特に屋外でナビゲーションを使うものの場合は、安全性にも影響します。

こうした音響効果について、先に環境音と抽象音を説明しました。ここでは、外界音と楽曲音について解説します。実装に際しては、先に説明した環境音と抽象音を中心に、外界音と楽曲音を加えた4つの音響効果を検討し、設計を行うことが必要です。

外界音は、安全のためにできるだけ聞こえるようにする

外界音とは、コンテンツに含まれない、外部からの音のすべてを指します。具体的には、イヤホンの外側から聞こえる音です。これらはコンテンツとして用意していませんので、コンテンツの設計要素として定義する必要はないように思われるでしょう。

ただ、ユーザーの安全面を考えると、外界音の存在は取り扱いを定義しなければいい

けません。

音は、自分のまわりに人や車が来ていないかを把握するうえで欠かせない要素であり、これを妨げるべきではありません。屋外でのナビゲーションならば、コンテンツ全体の設計の前提として、外界音を十分に取り込める状態にしたうえで、コンテンツの音と明確に聴き分けられるようにすべきです。ですから、コンテンツの音が必要以上にリアル志向になることは好ましくありません。

また、ユーザー体験中に工事現場などを通過する場合は、その騒音が課題になるかもしれません。こうした課題は、あらかじめルートが決まったコンテンツであれば事前に抽出でき、設計に反映できます。そのためにも入念な取材や調査は欠かせません。

印象的な外界音はときにユーザーの注意を逸らしてしまいます。例えば、寺の鐘の音がユーザーにとって、外界の音なのかコンテンツの音なのか、区別がつきにくく混乱を招いた実例があります。こうした状況を避けるためにも、コンテンツ自体を聴き分けやすい音でまとめるなどの工夫が必要です。

BGMは極力使用しない

ＢＧＭの使用については、十分に考えるべき必要があります。あまりにも深く考えずに安易に用いられがちだからです。こうした傾向から考えると、むしろ極力使用しないよう心がけること、使用しなくとも成り立つようなコンテンツとなるように設計するようにしましょう。

この節の始めのほうにお伝えしましたが、ナビゲーションのコンテンツで注意が必要なのは、非注意性盲目による弊害です。非注意性盲目とは、刺激に慣れてしまうと、知覚の反応が鈍くなる現象でしたね。

楽曲音が鳴り続けた場合、ユーザーはやがて音楽そのものの存在を意識しなくなってしまい、音そのものへの反応が鈍くなる恐れがあります。しかも、これはユーザーの意欲とはまったく関係なく発生してしまいます。そして、結果的にユーザーはコンテンツを理解しにくい内容だと感じてしまいます。

この状態を避けるためには、使うBGMは、きちんと流す場面を選択し、使う場合も短くするように心がけなければいけません。加えて、例えばBGMをユーザーに聴かせたいときは聴き取りが目的であることをユーザーにわかるように演出する必要があります。**つまり聴いて欲しいときだけ流すのであって、それ以外は極力避けます。**

BGMが、ユーザーとシステムの「つながり」の維持目的で使えないのは、前に述べた通りです。コンテンツの余白を埋めるような目的でBGMをむやみに用いるのは避けるべきでしょう。

48 Peterson, R. A., Cannito, M. P., & Brown, S. P. (1995). An exploratory investigation of voice characteristics and selling effectiveness. *Journal of Personal Selling and Sales Management*, 15(1), 1–15.

49 Peterson, R. A., Cannito, M. P., & Brown, S. P. (1995). An exploratory investigation of voice characteristics and selling effectiveness. *Journal of Personal Selling and Sales Management*, 15(1), 1–15.

50 Brown, B. L., & Bradshaw, J. M. (1985). Towards a social psychology of voice variations. In H. Giles & R. N. St. Clair (Eds.), *Recent advances in language, communication, and social psychology*. London: Erlbaum.

51 Oksenberg, L., Coleman, L., & Cannell, C. F. (1986). Interviewers' voices and refusal rates in telephone surveys. *Public Opinion Quarterly*, 50(1), 97–111.

52 Oguchi, T., & Kikuchi, H. (1997). Voice and interpersonal attraction. *Japanese Psychological Research*, 39(1), 56–61.

53 Allport, G., & Cantril, H. (1934). Judging personality from voice. *The Journal of Social Psychology*, 5(1), 37–55.

54 Aronovitch, C. D. (1976). The voice of personality: Stereotyped judgments and their relation to voice quality and sex of speaker. *The Journal of Social Psychology*, 99(2), 207–220.

55 Krauss, R. M., Freyberg, R., & Morsella, E. (2002). Inferring speakers' physical attributes from their voices. *Journal of Experimental Social Psychology*, 38(6), 618–625.

56 Addington, D. W. (1968). The relationship of selected vocal characteristics to personality perception. *Speech Monographs*, 35(4), 492–503.

57 Salamé, P., & Baddeley, A.D. (1982). Disruption of short-term memory by unattended speech: Implications for the structure of working memory. *Journal of Verbal Learning and Verbal Behavio*r, 21(2), 150-164.

58 Ziegler, J. C., Montant, M., & Jacobs, A. M. (1997). The Feedback consistency effect in lexical decision and naming. *Journal of Memory and Language*, 37(4), 533-554.

59 Keller, K. L., Heckler, S. E., & Houston, M. J. (1998). The effects of brand name suggestiveness on advertising recall. *Journal of Marketing*, 62(1), 48–57.

60 Klink, R. R. (2003). Creating meaningful brands: The relationship between brand name and brand mark. *Marketing Letters*, 14(3), 143-157.

33 Dubé, L., Chebat, J., & Morris, S. (1995). The effects of background music on consumers' desire to affiliate in buyer-seller interactions. *Psychology and Marketing*, 12(4), 305–319.

34 North, A. C., Hargreaves, D. J., & McKendrick, J. (1999). The influence of in-store music on wine selections. *Journal of Applied Psychology*, 84(2), 271–276.

35 Areni, C. S., & Kim, D. (1993). The influence of background music on shopping behavior: Classical versus top-forty music in a wine store. *Advances in Consumer Research*, 20(1), 336-340.

36 McFadyen, W. (2006, August 13). Manilow a secret weapon. *The Age* (Sydney Australia).

37 Morris, S. (2005, November 3). Classical deterrent in store for loitering youths. *The Guardian*.

38 Mehrabian, A. (1972). *Nonverbal communication*. Chicago: Aldine-Atherton.

39 Bond, R. N., Welkowitz, J., Goldschmidt, H., & Wattenberg, S. (1987). Vocal frequency and person perception: Effects of perceptual salience and nonverbal sensitivity. *Journal of Psycholinguistic Research*, 16(4), 335–350.
Brown, B. L., Strong, W. J., & Rencher, A. C. (1973). Perceptions of personality from speech: Effects of manipulations of acoustical parameters. *Journal of the Acoustical Society of America*, 54(1), 29–35.

40 Apple, W., Streeter, L. A., & Krauss, R. M. (1979). Effects of pitch and speech rate on personal attributions. *Journal of Personality and Social Psychology*, 37(5), 715–727.

41 Brown, B. L., Strong, W. J., & Rencher, A. C. (1973). Perceptions of personality from speech: Effects of manipulations of acoustical parameters. *Journal of the Acoustical Society of America*, 54(1), 29–35.

42 Ekman, P., Friesen, W. V., & Scherer, K. R. (1976). Body movement and voice pitch in deceptive interaction. *Semiotica*, 16(1), 23–27.

43 Gelinas-Chebat, C., & Chebat, J. (1992). Effects of two voice characteristics on the attitudes toward advertising messages. *The Journal of Social Psychology*, 132(4), 447–459.

44 Miller, N., Maruyama, G., Beaber, R. J., & Valone, K. (1976). Speed of speech and persuasion. *Journal of Personality and Social Psychology*, 34(4), 615–624.

45 LaBarbera, P., & MacLachlan, J. (1979). Time-compressed speech in radio advertising. *Journal of Marketing*, 43(1), 30–36.

46 Moore, D. L., Hausknecht, D., & Thamodaran, K. (1986). Time compression, response opportunity, and persuasion. *Journal of Consumer Research*, 13(1), 85–99.

47 Ohala, J. (1981). The nonlinguistic components of speech. In J. K. Darley (Ed.), *Speech evaluation in psychiatry*. NewYork: Grune and Stratton.

17 Milliman, R. E. (1982). Using background music to affect the behavior of supermarket shoppers. *Journal of Marketing*, 46(3), 86–91.

18 Antonides, G., Verhoef, P. C., & van Aalst, M. (2002). Consumer perception and evaluation of waiting time: A field experiment. *Journal of Consumer Psychology*, 12(3), 193–202.

19 McCabe, D. B., & Nowlis, S. M. (2003). The effect of examining actual products or product descriptions on consumer preference. *Journal of Consumer Psychology*, 13(4), 431–439.

20 Zhang, S., & Schmitt, B. H. (2004). Activating sound and meaning: The role of language proficiency in bilingual consumer environments. *Journal of Consumer Research*, 31(1), 220–228.

21 Crisinel, A., & Spence, C. (2010). A sweet sound? Food names reveal implicit associations between taste and pitch. *Perception*, 39(3), 417-425.

22 Eimer, M. (1999). Can attention be directed to opposite locations in different modalities? An ERP study. *Clinical Neurophysiology*, 110(7), 1252–1259.

23 Kuwano, S., Fastl, H., Namba, S., Nakamura, S., & Uchida, H. (2006). Quality of door sounds of passenger cars. *Acoustical Science and Technology*, 27(5), 309–312.

24 Rocchesso, D., Ottaviani, L., Fontana, F., & Avanzini, F. (2003). Size, shape, and material properties of sound models. In D. Rocchesso & F. Fontana (Eds.), *The sounding object*. Firenze, Italy: PHASAR.

25 Kunkler-Peck, A. J., & Turvey, M. T. (2000、February). Hearing shape. *Journal of Experimental Psychology: Human Perception and Performance*, 26, 279–294.

26 Lederman, S. J. (1979) Auditory texture perception. *Perception*, 8(1), 93–103.

27 Ludden, G. D. S., & Schifferstein, H. N. J. (2007). Effects of visual-auditory incongruity on product expression and surprise. *International Journal of Design*, 1(3), 29–39.

28 Zampini, M., Guest, S., & Spence, C. (2003). The role of auditory cues in modulating the perception of electric toothbrushes. *Journal of Dental Research*, 82(11), 929–932.

29 Milliman, R. E. (1982). Using background music to affect the behavior of supermarket shoppers. *Journal of Marketing*, 46(3), 86–91.

30 Milliman, R. E. (1986). The influence of background music on the behavior of restaurant patrons. *Journal of Consumer Research*, 13(2), 286–289.

31 Milliman, R. E. (1986). The influence of background music on the behavior of restaurant patrons. *Journal of Consumer Research*, 13(2), 286–289.

32 McDonnell, J. (2007). Music, scent and time preferences for waiting lines. *International Journal of Bank Marketing*, 25(4), 223–237.

本文脚注

1 アクセンチュア (2017)『無関心化』時代における日本企業への処方箋」
https://www.slideshare.net/Accenture_JP/ss-79754137

2 E.J. McCarthy. (1978). *Basic Marketing; A Managerial Approach*. 6th ed., Homewood, IL: Richard D. Irwin.

3 福井しほ (2021)「音声が伝える『何者』感　『クラブハウス』は、突然ではなく必然」『AERA』2021 年 2 月 15 日号、朝日新聞出版

4 恩田晃 (2021)「クリスチャン・マークレー (Christian Marclay) に恩田晃が聞く音楽とアートの関係」
https://mikiki.tokyo.jp/articles/-/30517?page=4

5 日本心理学会「携帯電話で話しながら車を運転すると危険なのはなぜ?」
https://psych.or.jp/interest/ff-19/

6 デジタルインファクト (2020)「デジタル音声広告の市場規模は 2020 年に 16 億円、2025 年には 420 億円に」
https://digitalinfact.com/topics/release/3026

7 電通 (2022)「2021 年 日本の広告費 インターネット広告媒体費 詳細分析」
https://www.dentsu.co.jp/news/release/2022/0309-010503.html

8 電通 (2022)「2021 年　日本の広告費」
https://www.dentsu.co.jp/news/release/2022/0224-010496.html

9 https://www.iab.com/news/digital-advertising-soared-35-to-189-billion-in-2021-according-to-the-iab-internet-advertising-revenue-report/

10 黒川伊保子 (2004)『怪獣の名はなぜガギグゲゴなのか』新潮新書

11 Yorkston, E., & Menon, G. (2004). A sound idea: Phonetic effects of brand names on consumer judgments. *Journal of Consumer Research*, 31(1), 43–51.

12 Pan, Y., & Schmitt, B. (1996). Language and brand attitudes: Impact of script and sound matching in Chinese and English. *Journal of Consumer Psychology*, 5(3), 263-277.

13 Scott, L. M. (1990). Understanding jingles and Needledrop: A rhetorical approach to music in advertising. *Journal of Consumer Research*, 17(2), 223–236.

14 Anand, P., & Sternthal, B. (1990). Ease of message processing as a moderator of repetition effects in advertising. *Journal of Marketing Research*, 27(3), 345–353.

15 Wilde, A. D. (1995, June 23). Harley hopes to add Hog's roar to its menagerie of trademarks [Eastern Edition]. *Wall Street Journal*, p. B1

16 Zhu, R., & Meyers-Levy, J. (2005). Distinguishing between the meanings of music: When background music affects product perceptions. *Journal of Marketing Research*, 42, 333–345.

堀内 進之介（ほりうち しんのすけ）

Screenless Media Lab.所長、東京都立大学客員研究員ほか。博士（社会学）。単著に『データ管理は私たちを幸福にするか？ 自己追跡の倫理学』（光文社新書、2022年）『善意という暴力』（幻冬舎新書、2019年）『人工知能時代を〈善く生きる〉技術』（集英社新書、2018年）、共著に『AIアシスタントのコア・コンセプト』（ビー・エヌ・エヌ新社、2017年）『人生を危険にさらせ!』（幻冬舎文庫、2017年）ほか多数。翻訳書に『アメコミヒーローの倫理学』（パルコ出版、2019年）『魂を統治する』（以文社、2016）がある。

吉岡 直樹（よしおか なおき）

Screenless Media Lab.テクニカルフェロー、ディレクター。（株）XAMOSCHi代表。デジタル系プロダクションの設立を経て現職。日本ディープラーニング協会認定ジェネラリスト（JDLA DeepLearning for GENERAL 2017）、米国PMI®認定プロジェクトマネジメント・プロフェッショナル、経営学MQT上級（NOMA）、ウェブ解析士（WACA）、日本マネジメント学会正会員（個人）。共著に『AIアシスタントのコア・コンセプト』がある。

Screenless Media Lab.（スクリーンレス・メディア・ラボ）

データに基づく情報環境の分析のほか、認知科学や情報科学の成果も活用し、情報の受け手の理解や意欲形成に役立つ、幅広い分野での聴覚的なメディア体験の設計を支援している。
https://screenless.net/

SENSE
インターネットの世界は「感覚」に働きかける

2022年9月20日　第１版第１刷発行

著者　堀内 進之介・吉岡 直樹
発行者　村上 広樹
発行　株式会社日経BP
発売　株式会社日経BPマーケティング
〒105-8308　東京都港区虎ノ門4-3-12
https://bookplus.nikkei.com

構成　栗下 直也
ブックデザイン　矢部 あずさ（bitter design）
校正　加藤 義廣（小柳商店）
編集　中野 亜海
本文DTP　フォレスト
印刷・製本　中央精版印刷

本書の無断複写・複製（コピー等）は、著作権法上の例外を除き、禁じられています。
購入者以外の第三者による電子データ化及び電子書籍化は、
私的使用を含め一切認められておりません。

本書籍に関するお問い合わせ、ご連絡は下記にて承ります。
https://nkbp.jp/booksQA

ISBN 978-4-296-00122-4

©2022 Shinnosuke Horiuchi&Naoki Yoshioka Printed in Japan